Cécile Franconi

Rangements
à coudre

Le Temps Apprivoisé

Mes bonnes adresses pour les fournitures
Au Bon Marché de Draveil : www.abm-patch.com – 01 69 40 24 43
Séquoia Patchwork : www.sequoiapatchwork.com – 01 46 64 88 87
Bouillon de Couture : www.bouillon-de-couture.fr
La Fée Pirouette : www.lafeepirouette.com – 03 89 68 50 40
Best Of Quilting : www.bestofquilting.fr – 01 60 12 96 27
Bleu de Toiles : bleudetoiles.oxatis.com
Glorious Color : www.gloriouscolor.com
E-Quilter : www.equilter.com
Qstomania : www.qstomania.com
Laine et tricot : www.laine-et-tricot.com
le Comptoir : www.lecomptoir.canalblog.com – 01 42 46 20 72

Direction éditoriale : Valérie Gendreau
Édition : Isabelle Riener
Relecture : Nicole Demeulenaere
Conception graphique : Anne-Bénoliel-Defréville
Mise en pages : Bénédicte Chantalou / Yuruga
Couverture : Anne Benoliel-Drefréville
Photographies : Claire Curt
Stylisme : Sonia Roy
Illustrations : Cécile Franconie
Fabrication : Géraldine Boilley-Hautbois, Louise Martinez
Photogravure : Alésia Studio

© 2010, LTA, un département de Meta-Éditions
ISSN : 2101-1168
ISBN : 978-2-299-00083-1
Dépôt légal : janvier 2010

Le Temps Apprivoisé
7, rue des Canettes
75006 Paris

http://www.letempsapprivoise.fr

Toutes les créations de ce livre sont de Cécile Franconie et ne peuvent en aucun cas être reproduites à des fins d'exposition et de vente sans l'autorisation de l'Éditeur.

« Toute représentation ou reproduction, intégrale ou partielle, faite sans le consentement de l'auteur, ou de ses ayants droit, ou ayants cause, est illicite » (article L. 122-4 du Code de la propriété intellectuelle). Cette représentation ou reproduction, par quelque procédé que ce soit, constituerait une contrefaçon sanctionnée par l'article L. 335-2 du Code de la propriété intellectuelle. Le Code de la propriété intellectuelle n'autorise, aux termes de l'article L.122-5, que les copies ou les reproductions strictement réservées à l'usage privé du copiste et non destinées à une utilisation collective, d'une part, et, d'autre part, que les analyses et les courtes citations dans un but d'exemple et d'illustration.

Le matériel	4
Petite leçon de couture	6
L'univers de Cécile	8
Pour ma machine à coudre	20
Éventail à crochets	36
Recto verso pour mon tricot	50

Sommaire

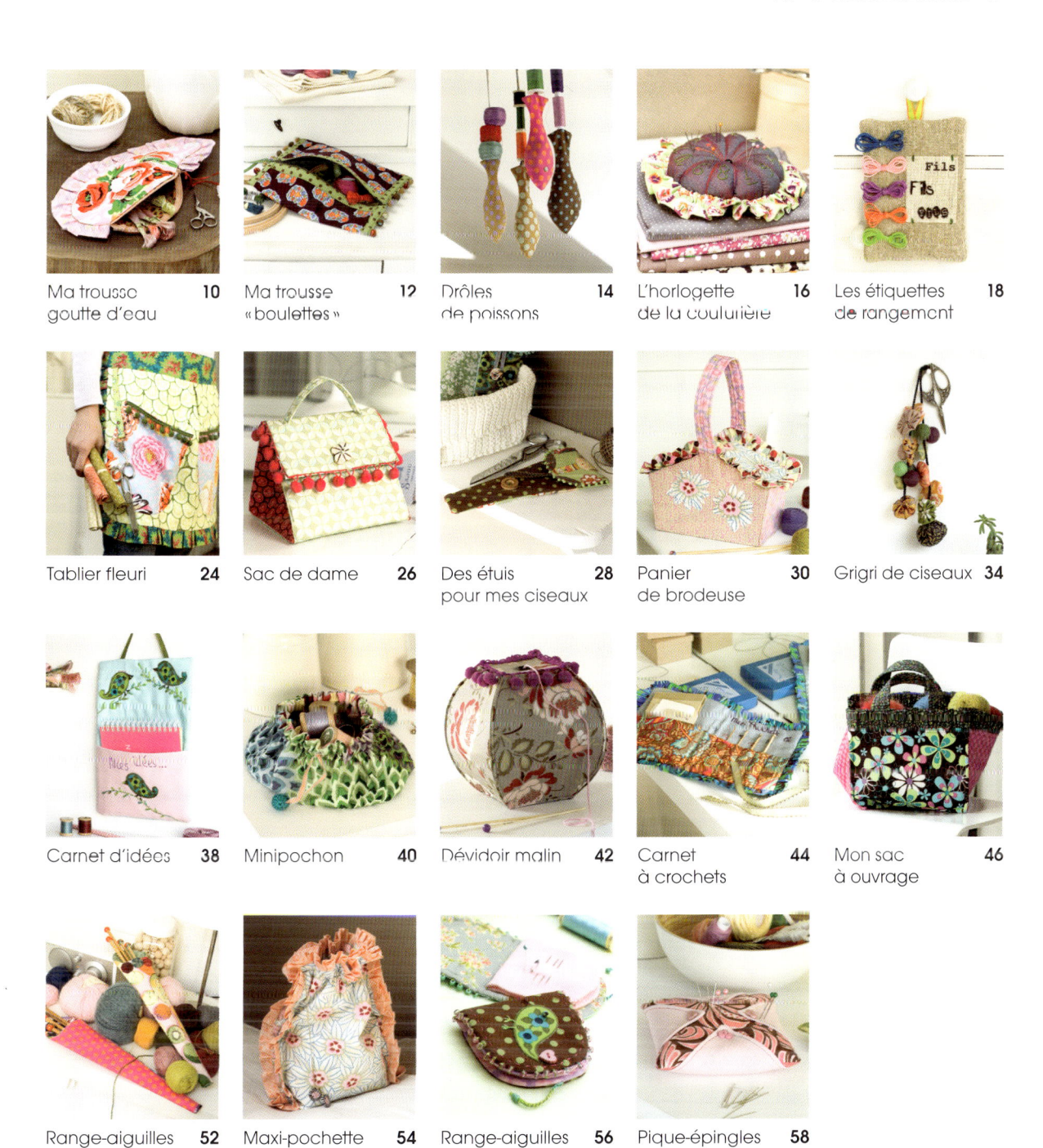

Ma trousse goutte d'eau — 10	Ma trousse « boulettes » — 12	Drôles de poissons — 14
L'horlogette de la couturière — 16	Les étiquettes de rangement — 18	

Tablier fleuri — 24	Sac de dame — 26	Des étuis pour mes ciseaux — 28
Panier de brodeuse — 30	Grigri de ciseaux — 34	

Carnet d'idées — 38	Minipochon — 40	Dévidoir malin — 42
Carnet à crochets — 44	Mon sac à ouvrage — 46	

Range-aiguilles à tricoter — 52	Maxi-pochette froufrou — 54	Range-aiguilles — 56
Pique-épingles — 58		

3

Le matériel

- **Des tissus :** préférez-les avec de gros motifs : pois, fleurs, et aux couleurs acidulées. Choisissez-les tous en 100 % coton (voir mes bonnes adresses, p. 2).
- **Du molleton :** pour le molleton souple, privilégiez le coton, le bambou ; pour le molleton rigide, utilisez le Jeffitex (PSRquilt).
- **De la colle :** pour tissu de type 505. C'est une colle textile en bombe qui se vaporise sur le molleton. Elle est repositionnable, ce qui permet de se tromper, mais il faudra toujours coudre ce qui a été collé ! Veillez à protéger le plan de travail avec une toile cirée ou un carton.
- **Une machine à coudre et ses aiguilles :** des aiguilles jeans seront idéales pour coudre le molleton rigide.
- **Des fils :** du fil à coudre spécial « machine » ton sur ton, et du fil invisible qui vous évitera de changer de couleur trop fréquemment. Des cotons à broder de type Perlé n° 8 vous seront aussi nécessaires.
- **Des aiguilles à coudre :** classiques.
- Un dé à coudre, des ciseaux pour tissu…

Sans oublier : une table de travail dégagée,
une bonne radio à proximité,
une tasse de thé,
et la bonne humeur !

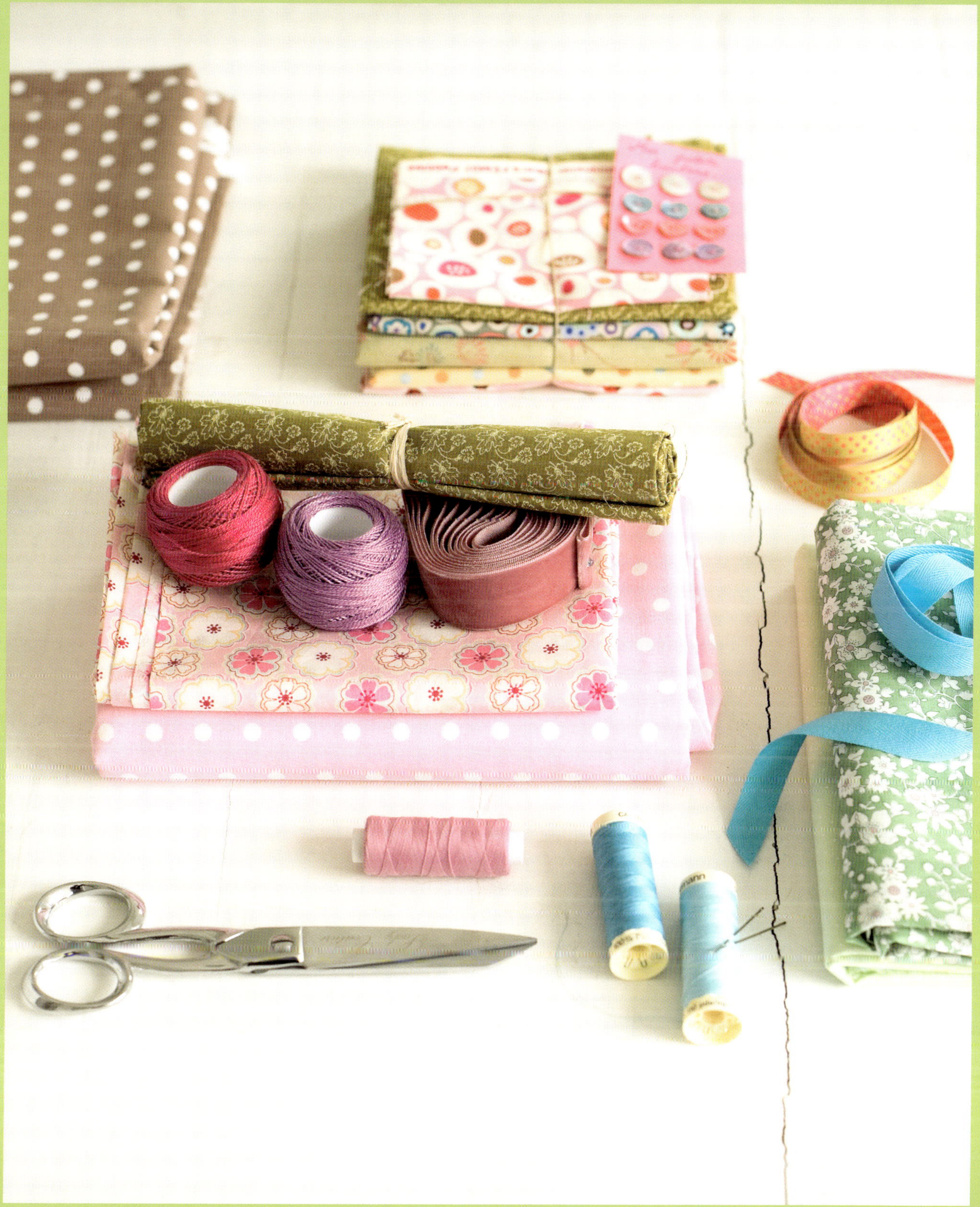

Petite leçon de couture

LE GABARIT

Reproduisez le gabarit à l'échelle désirée, ou, s'il est à taille réelle, décalquez-le. Découpez-le tout autour et utilisez-le pour tracer les formes autour des tissus ou du molleton rigide. Pour reproduire les textes (l'Horlogette de la couturière, par exemple, p. 16), servez-vous de papier carbone de brodeuse, que vous trouverez dans toutes les bonnes merceries.

LE MOLLETON RIGIDE

Ce tout nouveau matériau permet de faire des objets qui ont une meilleure tenue. C'est une fibre textile qui se coud très facilement à la machine.

LE REPASSAGE

Le repassage est indispensable pour obtenir un rendu propre et lisse, surtout quand vous utilisez du molleton rigide qui a fortement besoin d'être aplati et lissé.

LES POINTS DE BRODERIE

- **Le point arrière :** Il se travaille de droite à gauche. Il est davantage destiné aux coutures solides et aux contours.

- **Le point avant :** Il se brode de droite à gauche. Il permet de souligner des contours ou de dessiner rapidement de grands motifs.

- **Le point de tige :** Il se réalise de gauche à droite. Il donne un bel effet de cordonnet, et sert surtout à dessiner et à cerner les contours.

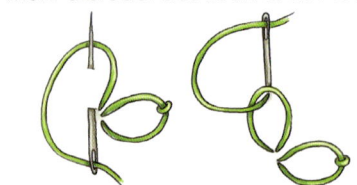

- **Le point de bouclette :** Il sert essentiellement à broder des fleurs et des feuilles.

- **Le point de feston :** Utilisé pour l'éventail à crochet (voir p. 36), il sert à réaliser de jolies bordures.

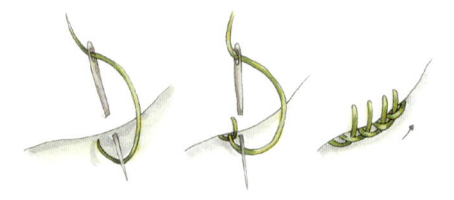

LES EMBELLISSEMENTS EN TISSU

Vous serez amenées à réaliser différentes décorations en tissu : petites boules, yoyos, froufrous.

❊ Les boulettes

Découpez 1 cercle de 3 ou 4 cm de diamètre

Ouate

Ficelez la base

Coupez l'excédent

❊ Les froufrous

Coupez une bande de 6 à 8 cm de large, pliez-la en deux, repassez

❊ Les yoyos

Coupez un cercle de 6 à 8 cm de diamètre

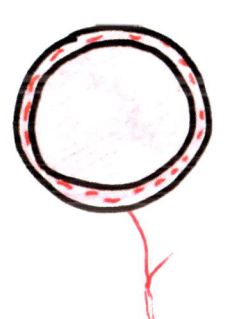

Faites un rentré de 0,5 cm, bâtissez tout autour

Tirez et nouez

L'univers de Cécile

Dans mon atelier...
On sent le jonc de mer que je piétine en chaussettes,
On voit des boîtes, des étagères de tissus, des corbeilles de laines, des bocaux de fils, des perles...
On trouve toutes les couleurs...
J'y range en décorant,
J'y laisse les ouvrages en cours pour mieux les apprécier le lendemain,
On boit le café et le thé entre passionnées...
J'y laisse entrer la nature, parfois même la pluie sur le seuil...
On se permet d'oser... la couleur...
Dans mon atelier, je vous invite,
Dans mon atelier, entrez !

Ordonner pour bien travailler

Jardiner textile

Se sentir bien

Histoire de sacs

Petite couture

Surveillée...

9

Ma trousse goutte d'eau

Les échevettes multicolores se glissent avec délice dans cette trousse éclatante à la forme originale.

FOURNITURES

❋ *Du tissu à grosses fleurs :*
  2 rectangles
  de 30 x 20 cm
❋ *Du tissu imprimé*
  pour la doublure :
  2 rectangles
  de 20 x 30 cm
❋ *Du tissu rose*
  pour le froufrou :
  une bande
  de 9 x 110 cm
❋ *Du molleton fin :*
  2 rectangles
  de 20 x 30 cm
❋ *1 fermeture à glissière*
  de 20 cm assortie
  et séparable
❋ *1 petit ruban*
  de 15 cm

LA PRÉPARATION

1. Découpez une forme goutte d'eau (gabarit ci-dessous) dans le molleton et les 2 tissus.
2. Superposez les 2 tissus endroit contre endroit, posez-les sur le molleton, puis cousez tout autour en laissant une ouverture pour retourner. Retournez, repassez et fermez l'ouverture. Refaites ce travail une seconde fois.
3. Piquez à la machine une moitié de fermeture (avec une fermeture séparable, c'est plus facile), puis l'autre moitié en vis-à-vis sur l'autre face.

LE MONTAGE

1. Pliez la bande de tissu endroit contre endroit, piquez-la tout du long et retournez-la. Repassez-la puis froncez-la en l'épinglant à l'intérieur d'une des faces de la trousse.
2. Superposez l'autre face et piquez tout autour : la trousse est ainsi cousue et le froufrou fixé en même temps.
3. Placez le ruban au bout de la fermeture à glissière et ajoutez-y quelques chutes de tissu.

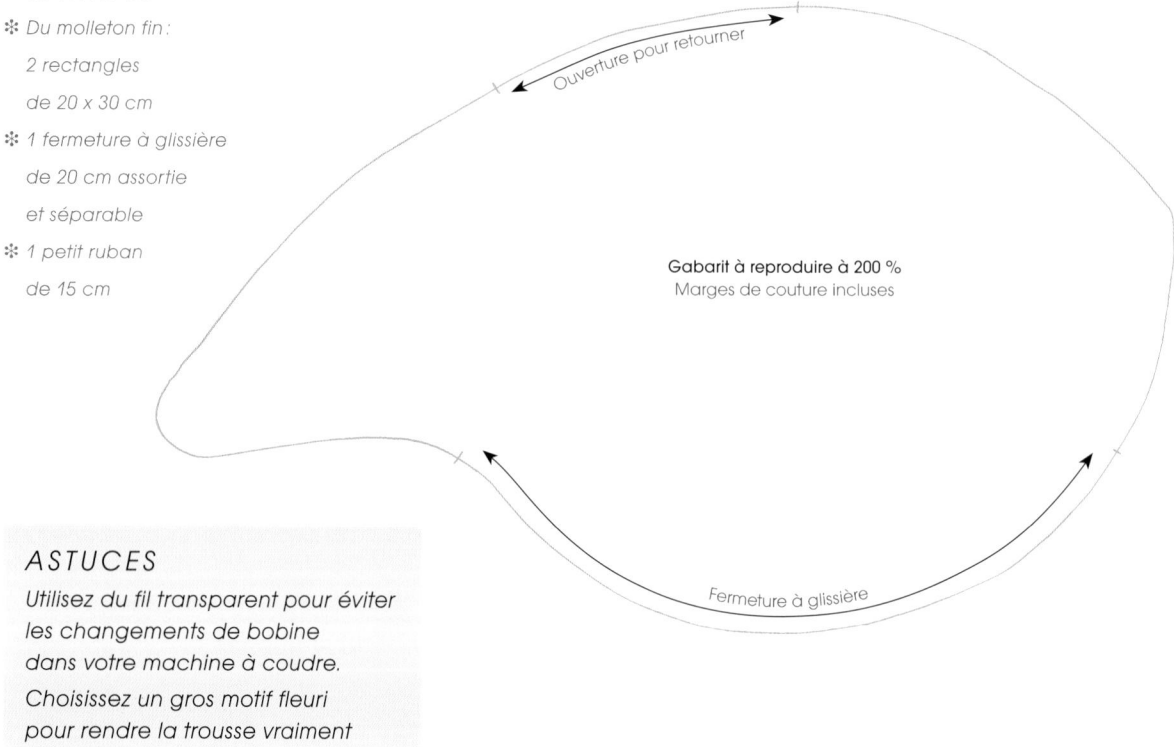

Ouverture pour retourner

Gabarit à reproduire à 200 %
Marges de couture incluses

Fermeture à glissière

ASTUCES

Utilisez du fil transparent pour éviter les changements de bobine dans votre machine à coudre.

Choisissez un gros motif fleuri pour rendre la trousse vraiment haute en couleurs.

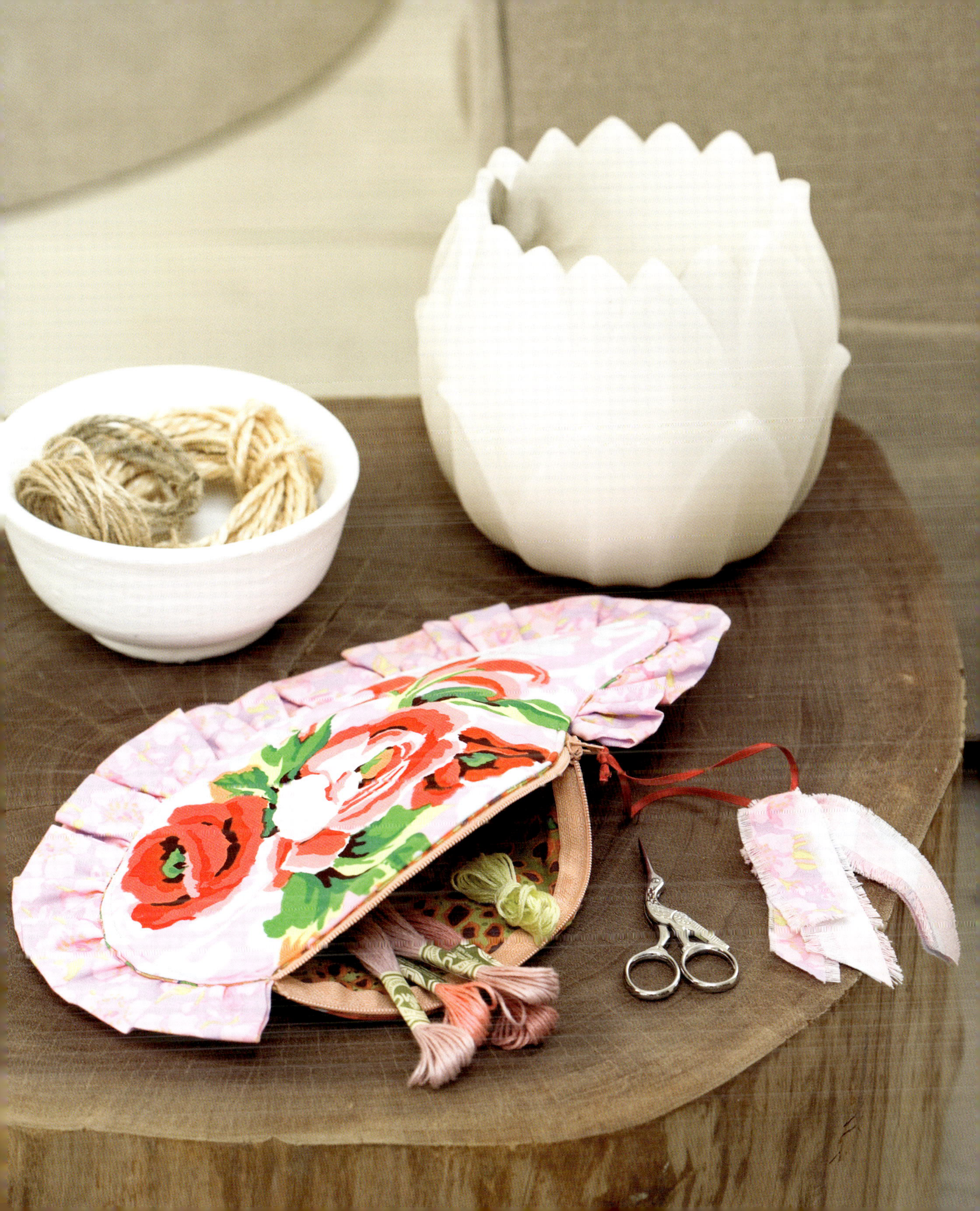

Ma trousse « boulettes »

Elle ne passera pas inaperçue et vous y rangerez tout votre nécessaire à broderie.

FOURNITURES

* *Du tissu fleuri :*
  1 rectangle
  de 40 x 22 cm
* *Du tissu à pois :*
  1 rectangle
  de 45 x 27 cm
  pour la doublure
* *Du molleton :*
  1 rectangle
  de 40 x 22 cm
* *Des chutes de tissus*
  colorés à pois
  pour les boulettes
* *1 fermeture à glissière*
  de 20 cm
* *Un peu de ouate*
  pour les boulettes
* *1 ruban de 20 cm*
* *De la colle de type 505*
  repositionnable

LA TROUSSE

1. Collez le tissu fleuri sur le molleton, et centrez ces 2 pièces sur la doublure à pois de façon à garder 2,5 cm de marge tout autour. Collez-les.

2. Rabattez le tissu à pois sur la face, en faisant un rentré de 1 cm. Repassez et piquez tout autour. Repassez de nouveau. Pliez en deux le rectangle obtenu et épinglez la fermeture à glissière. L'ouverture se fera de face.

3. Repassez pour marquer les plis. Cousez la fermeture.

LES BOULETTES

1. Découpez 15 ou 16 cercles de tissu de 6 cm de diamètre dans vos chutes. Reportez-vous p. 7 pour la réalisation.

2. Placez les boulettes entre les 2 épaisseurs de la trousse et piquez sur les 2 côtés.

ASTUCE

Les boulettes peuvent être remplacées par un galon à pompons ou des perles. J'ai choisi une ouverture de face, mais vous pouvez aussi opter pour une ouverture traditionnelle par le haut.

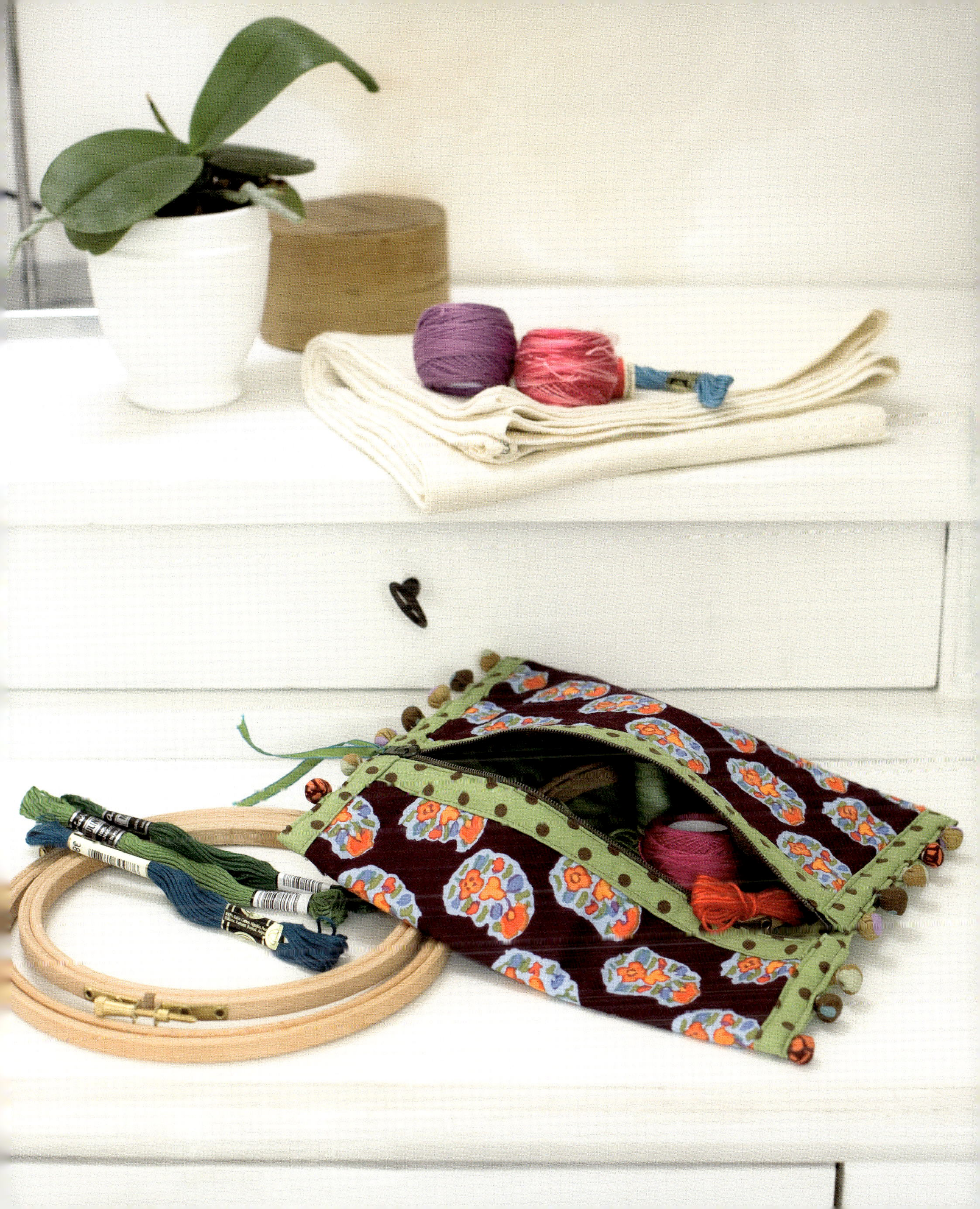

Drôles de poissons

Drôlement pratiques ces petits poissons rigolos pour ranger avec humour les bobines de fil !

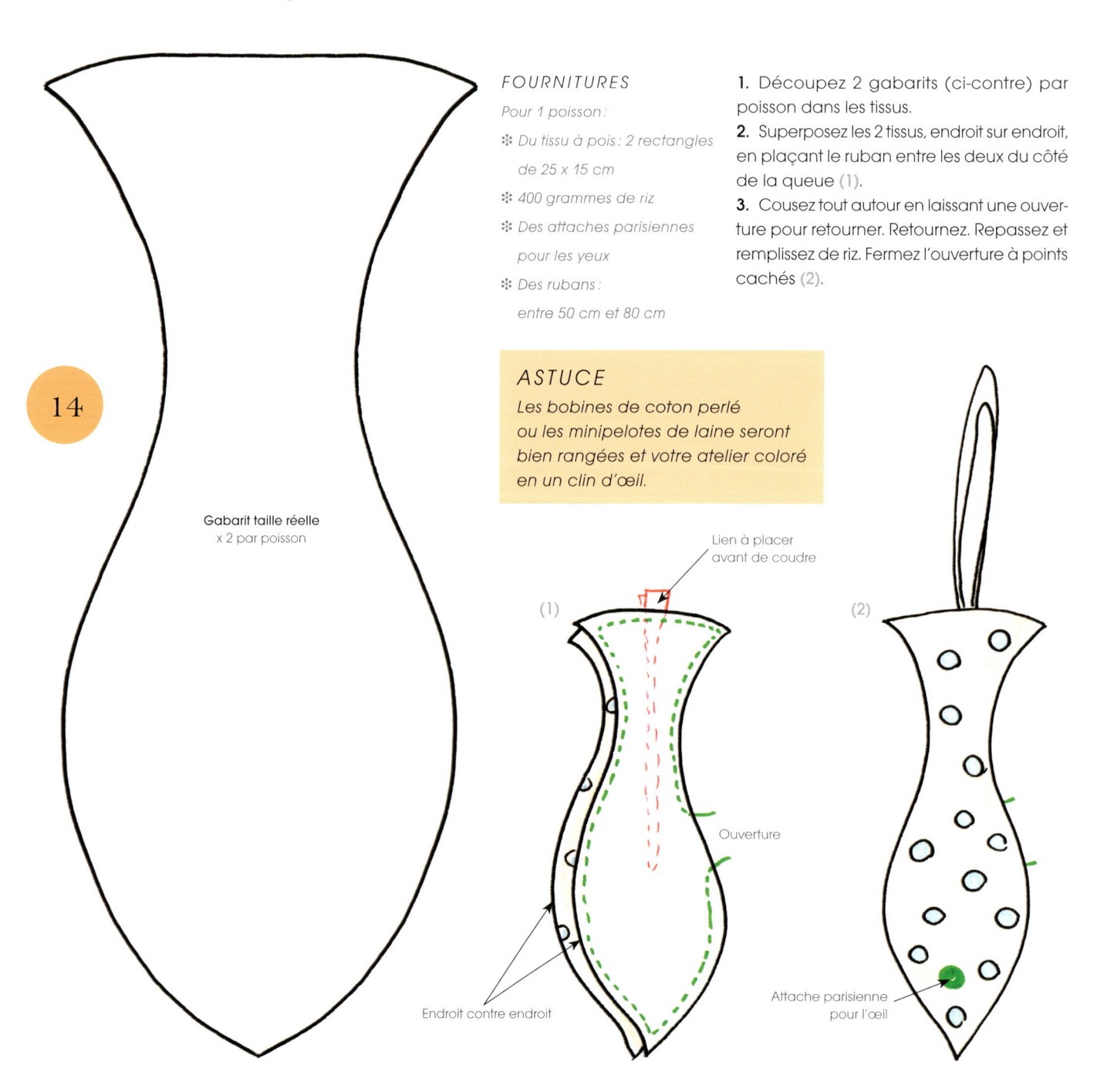

*Gabarit taille réelle
x 2 par poisson*

FOURNITURES

Pour 1 poisson :

✢ *Du tissu à pois : 2 rectangles de 25 x 15 cm*
✢ *400 grammes de riz*
✢ *Des attaches parisiennes pour les yeux*
✢ *Des rubans : entre 50 cm et 80 cm*

1. Découpez 2 gabarits (ci-contre) par poisson dans les tissus.
2. Superposez les 2 tissus, endroit sur endroit, en plaçant le ruban entre les deux du côté de la queue (1).
3. Cousez tout autour en laissant une ouverture pour retourner. Retournez. Repassez et remplissez de riz. Fermez l'ouverture à points cachés (2).

ASTUCE

Les bobines de coton perlé ou les minipelotes de laine seront bien rangées et votre atelier coloré en un clin d'œil.

(1) Lien à placer avant de coudre
Ouverture
Endroit contre endroit

(2) Attache parisienne pour l'œil

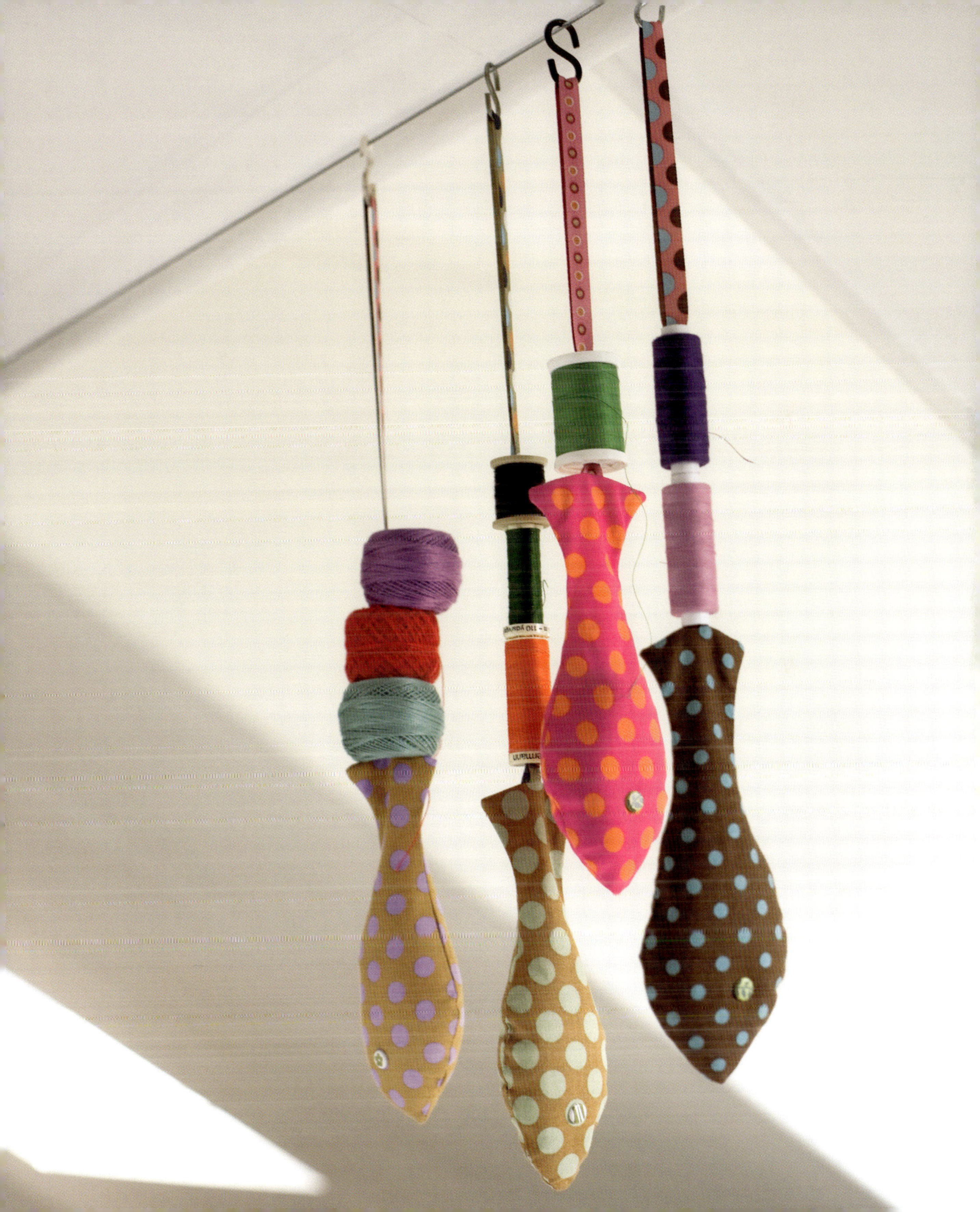

L'horlogette de la couturière

Un trompe-l'œil amusant, une forme gourmande…, voici un pique-épingles à montrer avec plaisir !

FOURNITURES

❊ *Du tissu uni : 2 ronds de 15 cm de diamètre*
❊ *Du tissu fleuri : une bande de 110 x 9 cm*
❊ *De la ouate*
❊ *Du coton perlé n° 8 vert et rouille*
❊ *2 jolis boutons*

ASTUCE

Pensez à remplir généreusement pour que l'horlogette soit bien rebondie.

LE PIQUE-ÉPINGLES

1. Superposez endroit contre endroit les 2 cercles de tissu et cousez tout autour en laissant une ouverture pour retourner. Retournez, repassez et remplissez de ouate. Fermez l'ouverture.
2. Avec une grande aiguillée de coton perlé rouille, divisez la galette en 12 quartiers égaux, en piquant l'aiguille au centre sur une face et en la repiquant au centre de l'autre face. Fixez un bouton au centre de chaque face.
3. Dans chaque quartier, brodez au point de tige les chiffres avec le coton perlé vert et les aiguilles avec le coton perlé rouille.

LE FROUFROU

1. Pliez la bande de tissu endroit contre endroit, et cousez tout du long. Retournez et repassez.
2. Passez un fil de fronce sur toute la longueur, jusqu'à obtenir la circonférence de la galette, et fixez à petits points.

IDÉE

Vous pouvez aussi choisir de diviser la galette en 4 quartiers seulement et de broder un autre texte : le nom des saisons, des lettres…

1 2 3 4 5 6 7

8 9 10 11 12

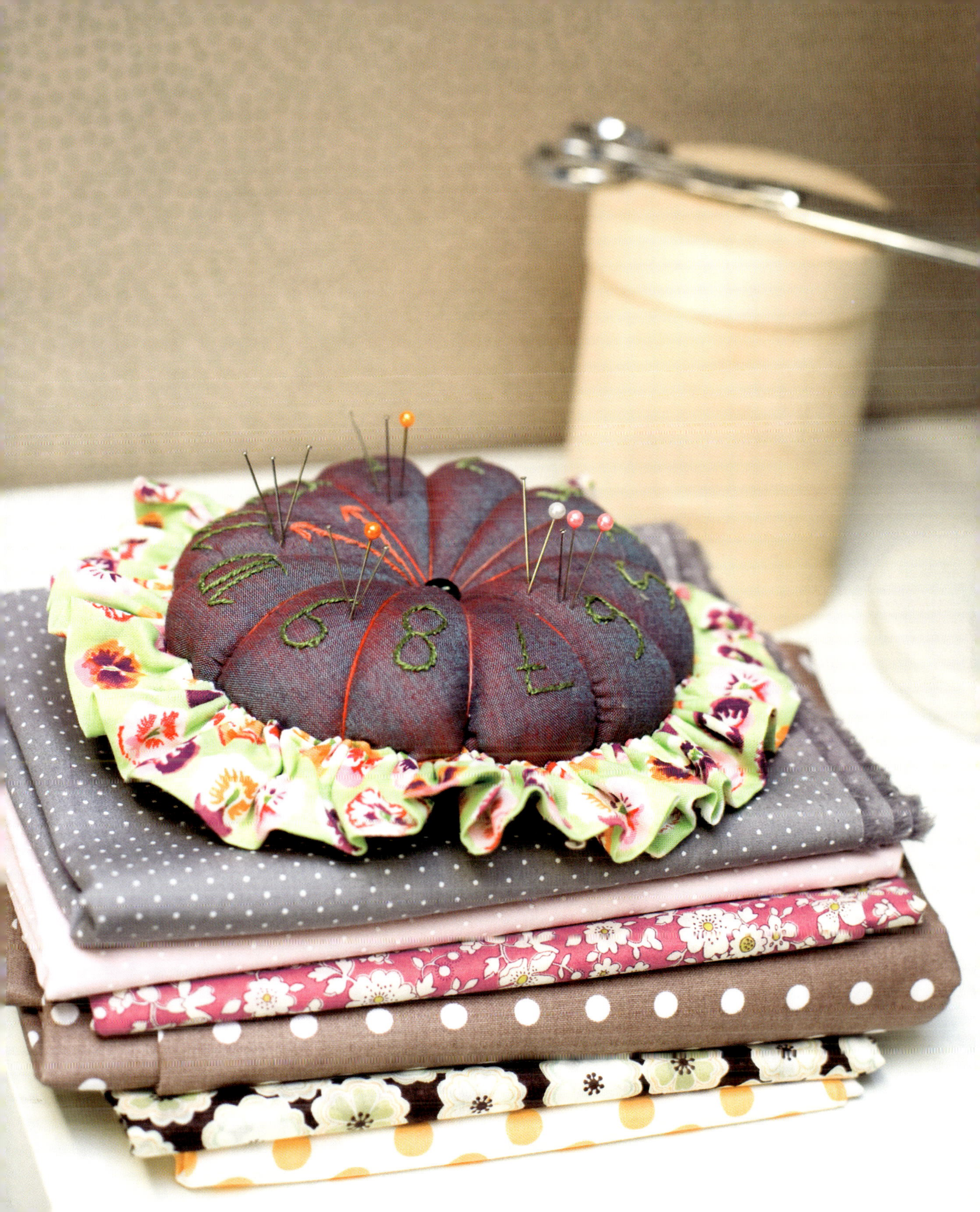

Les étiquettes de rangement

Chaque chose à sa place !
Dans mes tiroirs, il y a mille et une merveilles...

FOURNITURES
❉ Des chutes de galon
❉ Des boutons
  (ou des pompons)
❉ Quelques fils
  de coton perlé
❉ Du lin : 2 rectangles
  de 10 x 8 cm
  par étiquette
❉ Du ruban
  pour l'accroche
  (1 ruban par étiquette)
❉ Du papier transfert A4
❉ Du fil mouliné

1. Superposez les 2 rectangles de lin et placez le ruban entre les deux. Cousez tout autour en laissant une ouverture pour retourner. Retournez et fermez. Repassez et cousez les boutons, les fils ou les galons.

2. Créez votre texte sur ordinateur en sélectionnant les polices de votre choix. Imprimez-les sur le papier transfert. Découpez les textes et fixez-les en cousant 4 petits points aux angles.

ASTUCE
Et si la broderie vous fait de l'œil... brodez les textes au point avant !

Boutons
Boutons
Boutons

Fils
Fils
Fils

Galons
Galons
Galons

Pour ma machine à coudre

Des imprimés colorés pour la gaîté, des volants pour la légèreté…, voici un couvre-machine esthétique, mais aussi un vide-poche de tabouret. Aussi beau qu'utile !

FOURNITURES

✤ *Du tissu à gros motifs :*
   1 rectangle
   de 65 x 40 cm

✤ *Du tissu à motifs assortis :*
   1 rectangle
   de 65 x 40 cm

✤ *Du molleton :*
   1 rectangle
   de 65 x 40 cm
   et 1 rectangle
   de 15 x 45 cm

✤ *Du tissu bleu turquoise*
   pour les froufrous :
   2 bandes de 10 x 110 cm
   (pliées en deux
   sur la longueur)

✤ *3 carrés de tissu*
   de 15 x 15 cm pour
   les poches : 1 orange,
   1 à gros motifs,
   et 1 à pois (assemblés
   en bande)

✤ *Du tissu coordonné*
   pour la doublure
   des poches : 1 rectangle
   de 15 x 45 cm

✤ *Du galon : 50 cm*

✤ *Du coton perlé n° 8,*
   pour le matelassage

✤ *De la colle de type 505*
   repositionnable

LA POCHE

1. Découpez les différentes pièces de tissu : 3 carrés pour les poches et le rectangle pour la doublure.

2. Assemblez les 3 carrés selon le schéma, placez-les sur le molleton et posez la doublure dessus. Cousez tout autour en laissant une ouverture pour retourner. Vous obtenez un rectangle molletonné, divisible en 3 compartiments pour les 3 poches.

3. Confectionnez la première face : 3 carrés de tissu sont assemblés en enfilade (ce seront les 3 poches qui seront créées à partir d'une seule grande poche).

4. Placez ce rectangle, composé des 3 morceaux de tissu, sur le tissu à gros motifs. Superposez toutes les épaisseurs et cousez tout autour, en laissant une ouverture. La poche étant un peu plus large que son support, formez 2 plis pour lui donner un peu de volume. Retournez, repassez et fermez l'ouverture. La poche est donc terminée et indépendante.

5. Cousez le galon à la main sur la poche.

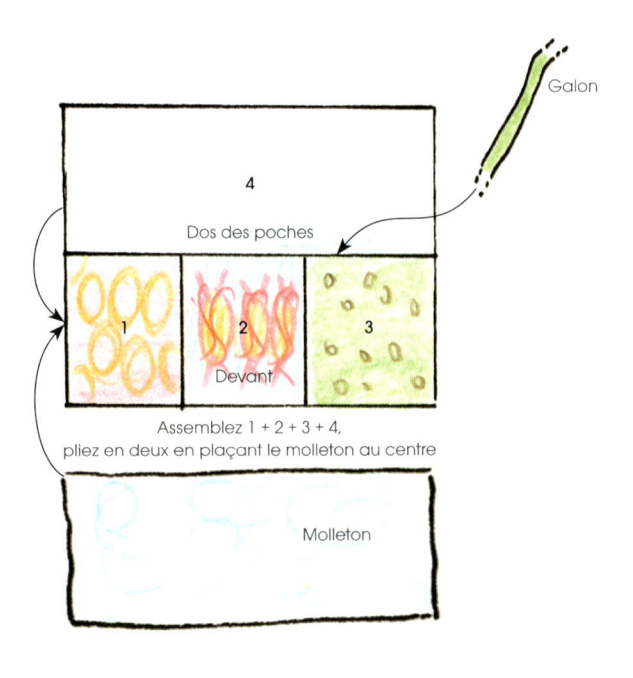

Galon

4
Dos des poches

1 2 3
Devant

Assemblez 1 + 2 + 3 + 4,
pliez en deux en plaçant le molleton au centre

Molleton

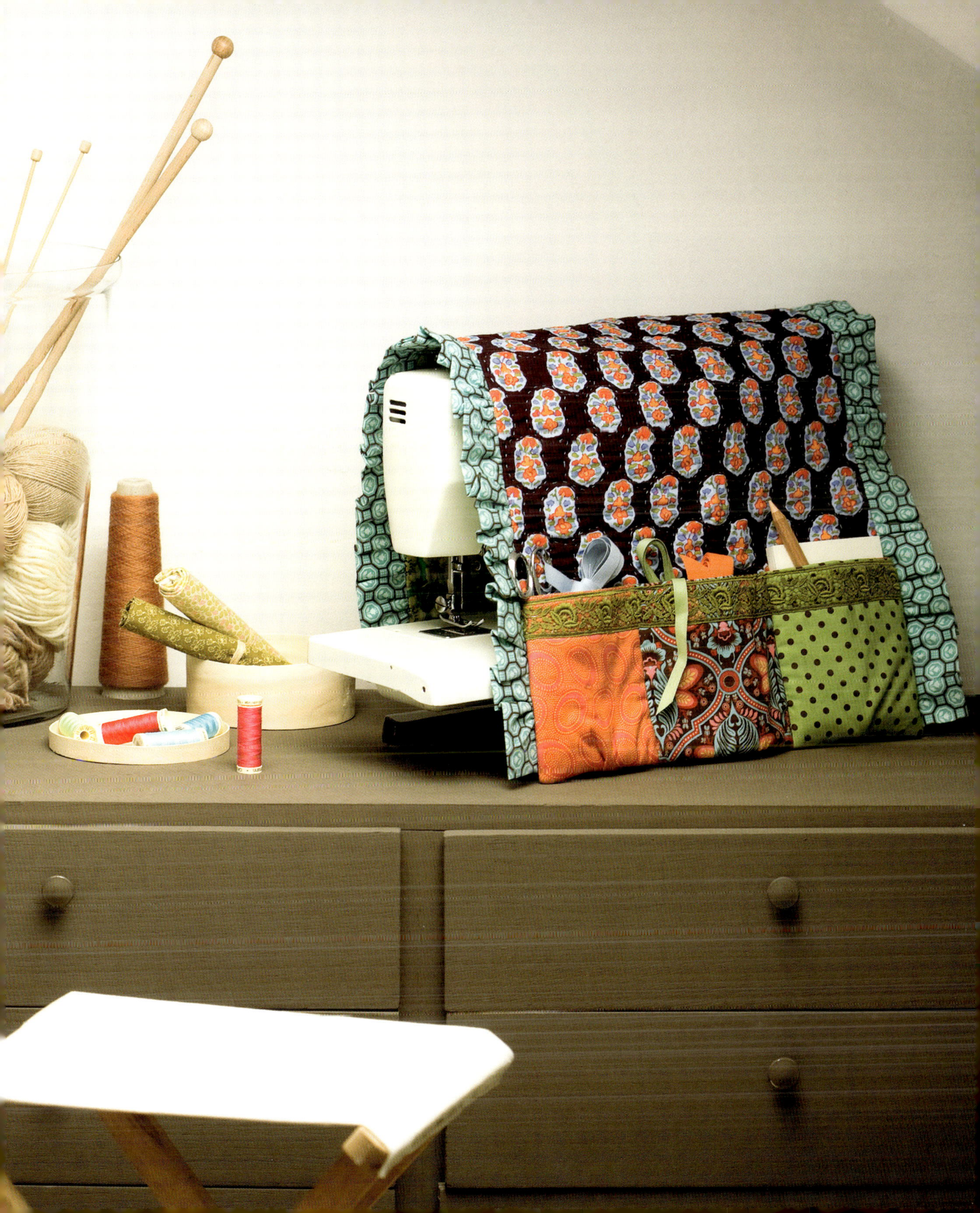

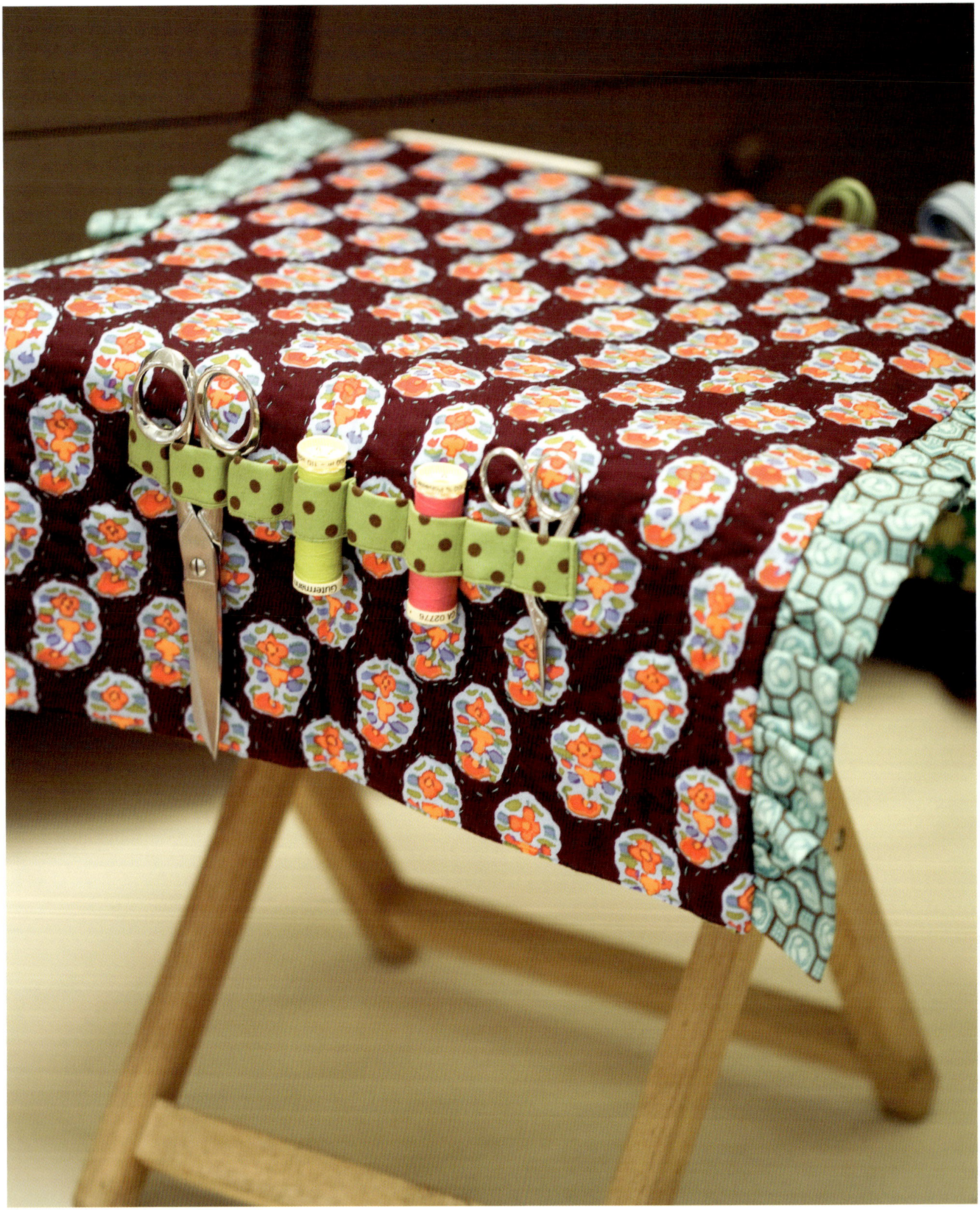

ASTUCE

Le cache-machine protège votre machine de la poussière et la transforme en objet de déco. Lorsque vous cousez, il se transforme en assise de tabouret, avec, à portée de main, tout votre matériel.

LA BASE

1. En suivant le schéma, découpez les 2 grands rectangles, ainsi que le molleton, pour confectionner la base du cache-machine, sur laquelle viendra se fixer la poche.

2. Réalisez les froufrous (voir p. 7) et fixez-les entre les 2 rectangles de tissu. Cousez tout autour et retournez.

LES FINITIONS

1. Cousez la poche dessus en faisant un pli au centre, puisqu'elle est plus large que le cache-machine.

2. Piquez verticalement entre les carrés de tissu du départ, pour créer les compartiments. Un côté pourra ainsi accueillir carnet, fils, règle et ciseaux, et une autre face contiendra les stylos. Pour cela, cousez un ruban un peu large, ou une bandelette de tissu, et piquez tous les 1,5 cm.

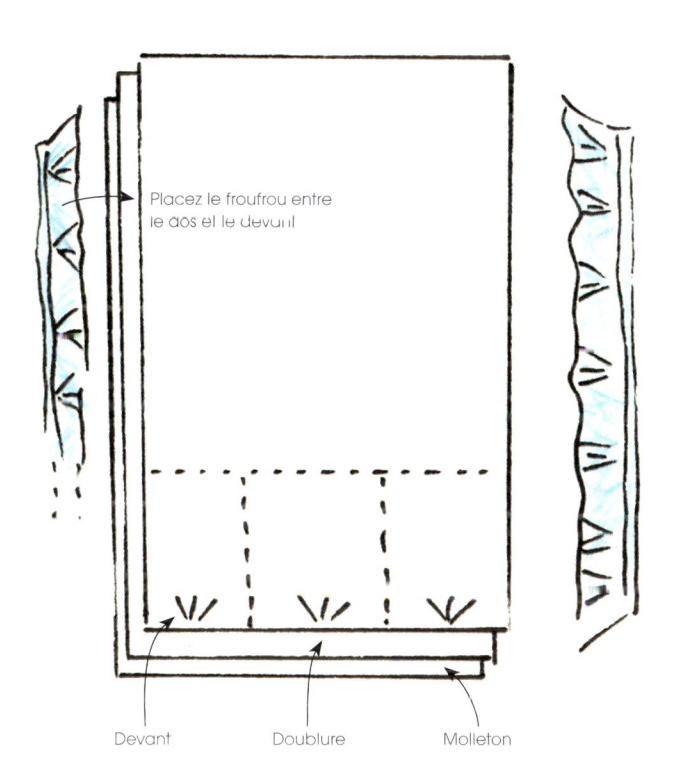

Tablier fleuri

Un tablier de brodeuse très *flower power* qui cache ciseaux, fils et tissus.

FOURNITURES

❄ *Du tissu à motifs concombre : 50 x 110 cm*
❄ *Du tissu à motifs feuilles : 50 cm*
❄ *Du tissu à grosses fleurs : 40 cm*
❄ *1 pince-anneau*
❄ *1 attache de bretelle*
❄ *Du ruban pour les accroches sur les côtés : 50 cm*
❄ *Du galon à pompons : 50 cm*

ASTUCE

Avec le tissu concombre, vous passerez de la cuisine à l'atelier sans souci.

LA PRÉPARATION

1. Découpez 2 rectangles de 55 x 50 cm dans le tissu à motifs concombre. Arrondissez les angles.
2. Dans le tissu à fleurs, découpez les 4 rectangles de 20 x 22 cm environ. Arrondissez les angles **(1)**.

LES POCHES

1. Superposez endroit contre endroit 2 poches et cousez autour en laissant une ouverture pour retourner. Retournez et repassez. Faites la seconde poche de la même façon.
2. Piquez chacune sur une face du tablier en les inclinant un peu **(2)**.

LE FROUFROU

Confectionnez le froufrou (voir p. 7) dans une bande de 10 x 330 cm pliée en deux (pour obtenir 330 cm, coupez 3 bandes de 110 cm et mettez-les bout à bout). Plissez et épinglez le froufrou sur le devant du tablier tout autour **(3)**.

LES FINITIONS

1. Superposez la doublure coupée dans le tissu concombre, et piquez tout autour, en laissant le haut ouvert. Retournez et repassez **(4)**.
2. Épinglez sur les côtés 2 liens pliés en deux, en ayant glissé l'anneau d'un côté et l'attache de bretelle de l'autre. Pour faire la ceinture, pliez en deux une bande de 12 x 110 cm et piquez-la sur le haut du tablier. Fixez enfin les galons de pompons sur les poches **(5)**.

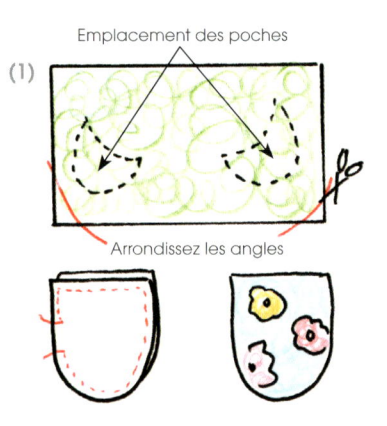

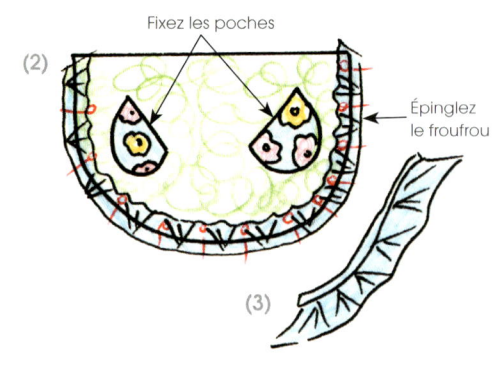

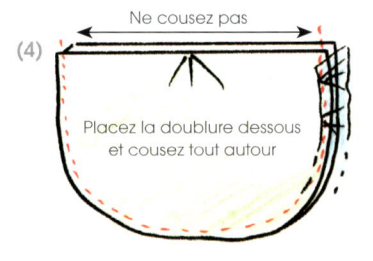

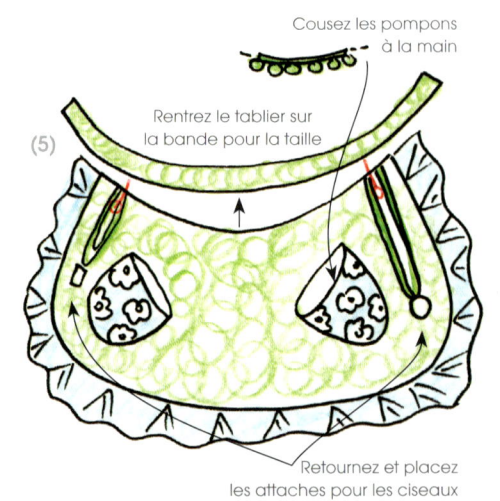

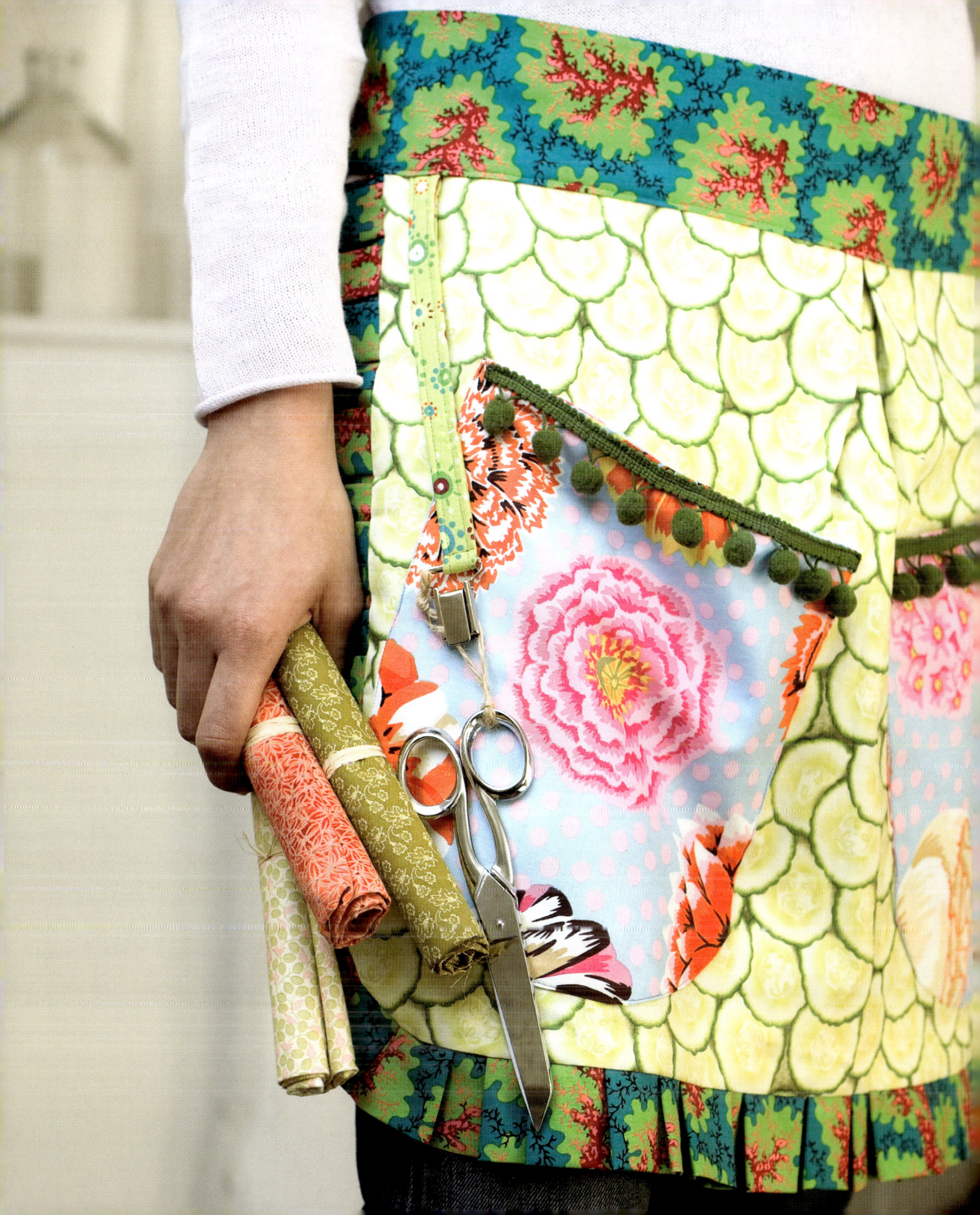

Sac de dame

Élégant et raffiné, un petit sac glamour pour ranger rubans et colifichets...

FOURNITURES

- *Du molleton rigide (Jeffitex) : 1 rectangle de 15 x 55 cm et 2 carrés de 15 x 15 cm*
- *De la colle de type 505 repositionnable*
- *Du tissu vert acidulé à motifs : 30 x 110 cm (pour l'extérieur de la boîte)*
- *Du tissu rose ou bleu à motifs : 25 x 110 cm (pour les côtés et les poches)*
- *Du galon à pompons : 30 cm*
- *1 cm de Velcro*
- *1 beau bouton*

LA PRÉPARATION

Découpez un rectangle de molleton rigide de 15 x 55 cm. Recouvrez-le de tissu vert et collez. Repassez.

LES POCHES

1. Pliez en deux le morceau de tissu de 24 x 20 cm qui fera la poche, et cousez tout autour en laissant une ouverture pour retourner. Retournez. Fermez et repassez. Confectionnez une seconde poche de la même façon. Placez-les – elles mesurent donc 12 x 10 cm – sur le rectangle recouvert de tissu vert.
2. Posez le Velcro.

LA FACE INTÉRIEURE

1. Découpez un rectangle de 18 x 48 cm dans le tissu vert en ajoutant 1,5 cm de marge tout autour.
2. Recouvrez le rectangle en molleton avec ce tissu en faisant un rentré de 1,5 cm. Pensez à placer le galon de pompons à cette étape pour le coincer entre les 2 tissus. Cousez tout autour. Il ne reste que les côtés de la boîte à confectionner. Cousez le bouton.

LES CÔTÉS

Recouvrez les 2 carrés de molleton avec le tissu rose, cousez tout autour, et fixez-les aux côtés, à la main, à points cachés.

L'ANSE

C'est une petite languette de molleton de 3 x 18 cm, recouverte de tissu et matelassée dans sa longueur par 3 lignes parallèles.

Placez le Jeffitex au centre
Rabattez la doublure et collez-la

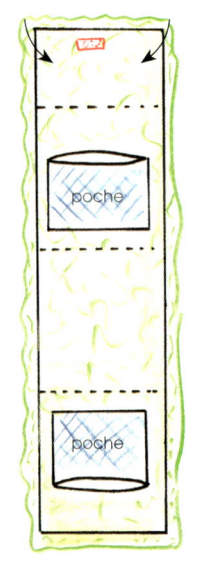

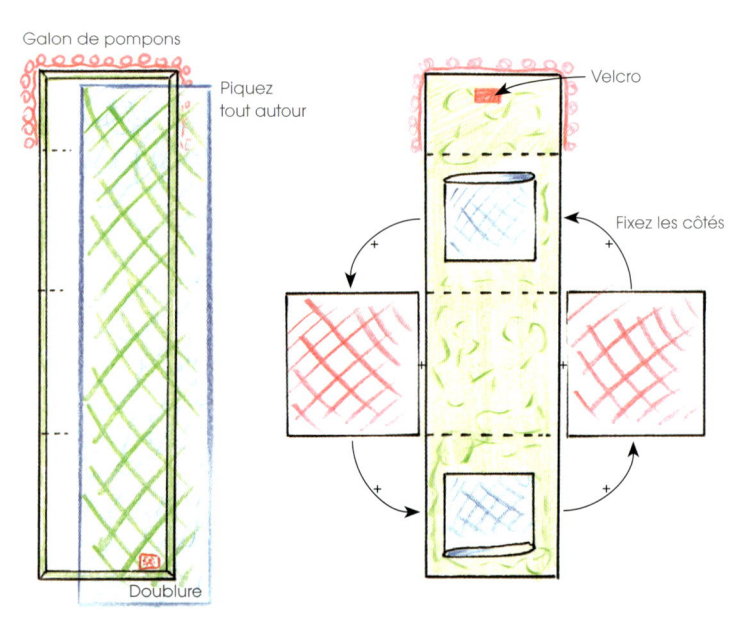

Galon de pompons

Piquez tout autour

Doublure

Velcro

Fixez les côtés

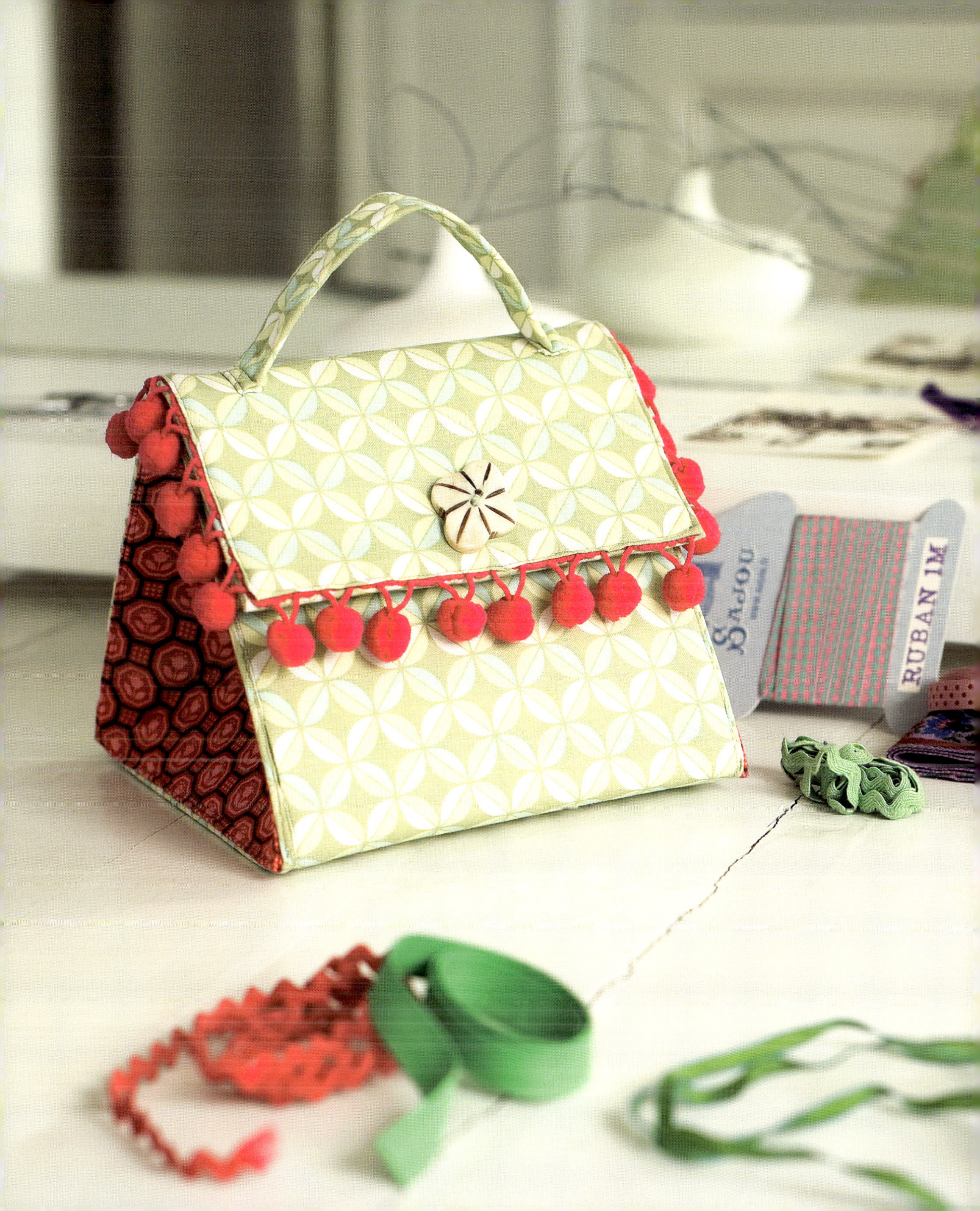
Sajou
RUBAN 1M

Des étuis pour mes ciseaux

Un écrin différent pour chaque modèle de ciseaux...
Chic et raffiné !

FOURNITURES

❋ Du tissu à motifs
  pour l'extérieur :
  1 rectangle
  de 10 x 30 cm
❋ Du tissu avec d'autres
  motifs pour l'intérieur :
  1 rectangle
  de 10 x 30 cm
❋ Du tissu vif : 1 rectangle
  de 10 x 40 cm pour l'étui
❋ Du molleton fin :
  10 x 30 cm
❋ 1 bouton, des perles
❋ Du ruban pour le lien :
  15 cm
❋ Du coton perlé assorti

Gabarits A et B p. 60

ASTUCE

Si vos ciseaux sont plus petits ou plus grands, placez-les sur un carton et agrandissez ou réduisez le gabarit à volonté.

LA PRÉPARATION

1. Découpez 2 gabarits A (le corps de l'étui, voir p. 60) dans les 2 tissus et un autre dans le molleton. Pliez un tissu en deux et découpez un gabarit B (voir p. 60) pour la poche.
2. Découpez un autre gabarit B dans le molleton. Placez le molleton à l'intérieur du tissu plié et repassez.

LE MONTAGE

1. Superposez dans cet ordre :
  – A : envers sur le molleton
  – la poche
  – A : endroit sur la poche
2. Placez le lien entre les 2 A.
3. Cousez tout autour en laissant une ouverture pour retourner. Retournez, repassez et fermez l'ouverture.

LES FINITIONS

Cousez le bouton et les perles. Le repassage est indispensable pour de belles finitions.

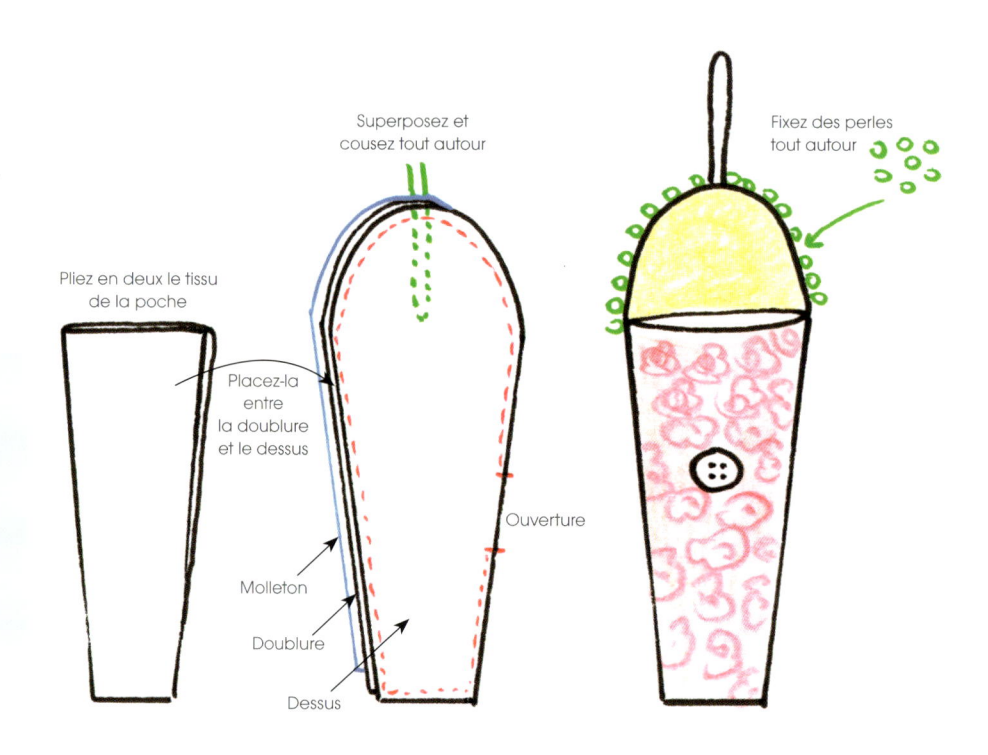

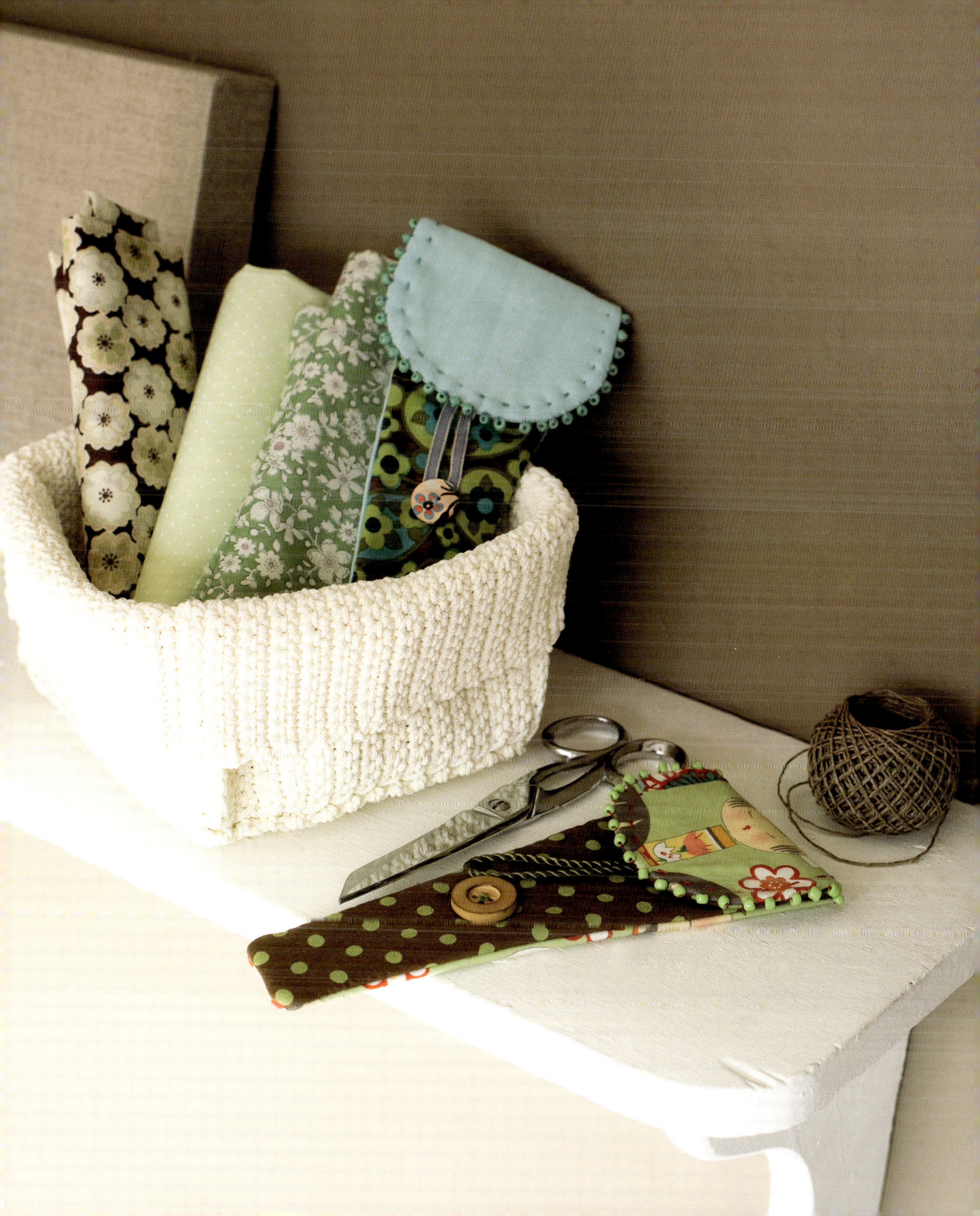

Panier de brodeuse

Un panier de pique-nique très champêtre,
pour emporter partout avec vous l'ouvrage en cours.

FOURNITURES

- *Du molleton rigide (Jeffitex) : 1 m*
- *Du tissu rose à trèfles : 1 m*
- *Du tissu à grosses fleurs : 50 cm*
- *De la colle de type 505 repositionnable*
- *Du molleton (pour l'anse) : 1 bande de 5 x 30 cm*
- *Du tissu à pois (pour le froufrou) : 1 bande de 12 x 110 cm (pliée en deux, retournée et repassée)*
- *Du coton perlé n° 8 rose*
- *Du fil transparent ou d'un coloris assorti à chacun des tissus*

LA PRÉPARATION

1. Découpez les gabarits dans le molleton rigide :
   - 1 rectangle de 24 x 13 cm pour le fond ;
   - 2 rectangles de 13 x 12 cm pour les petits côtés ;
   - 1 rectangle de 30 x 13 cm pour le couvercle ;
   - 2 gabarits (ci-dessous) pour les 2 autres côtés.
2. Recouvrez-les de tissu avec la colle repositionnable **(1)**.

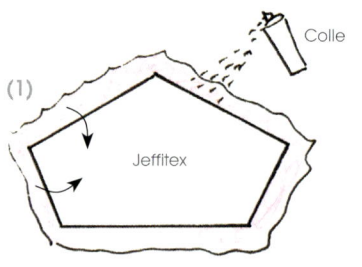

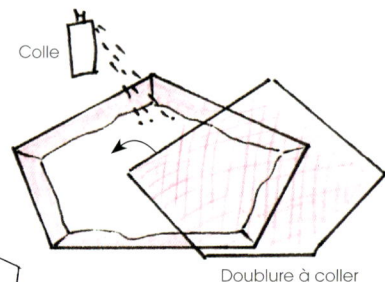

Gabarit à reproduire à 200 %
2 x molleton rigide
pour les 2 grands côtés

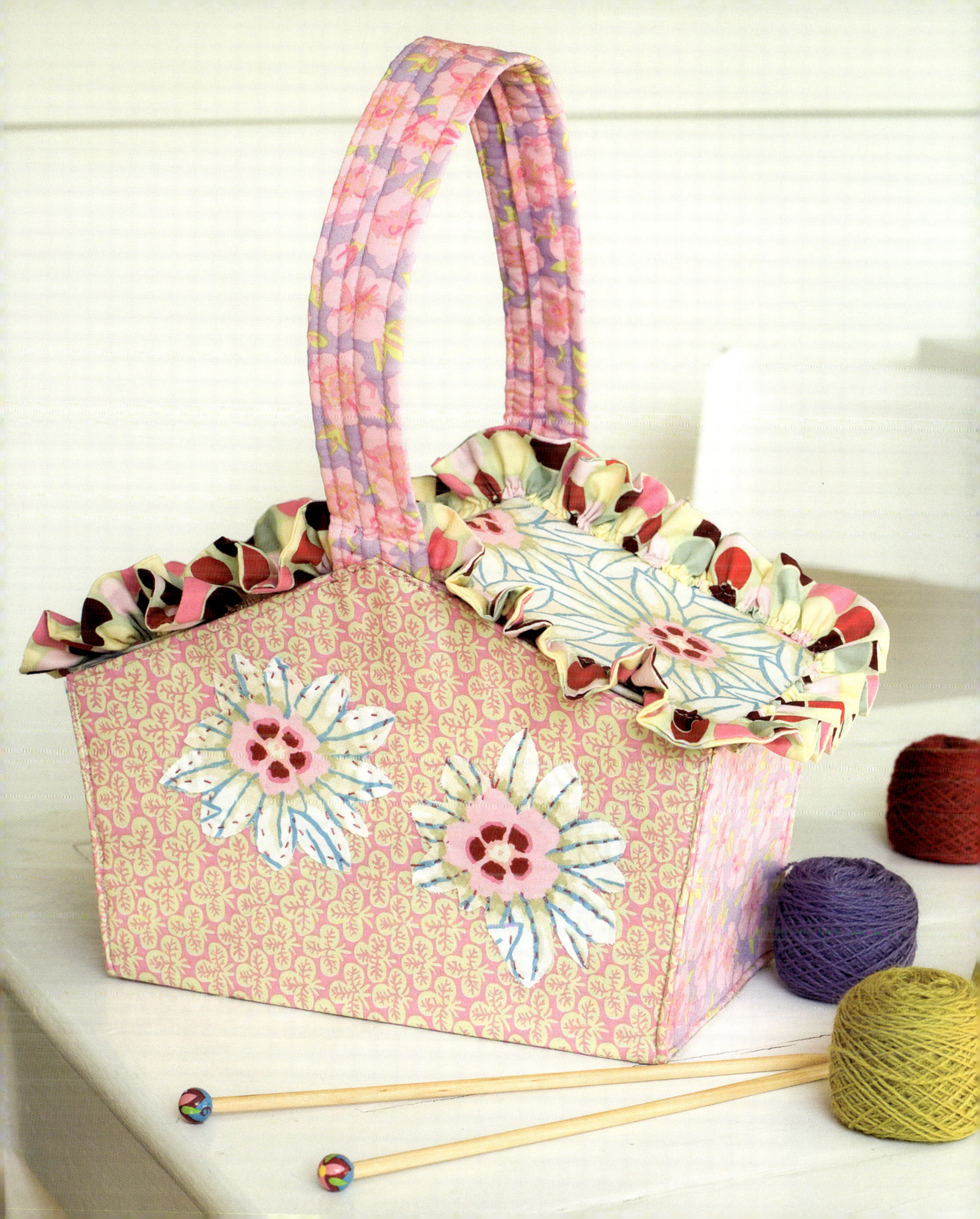

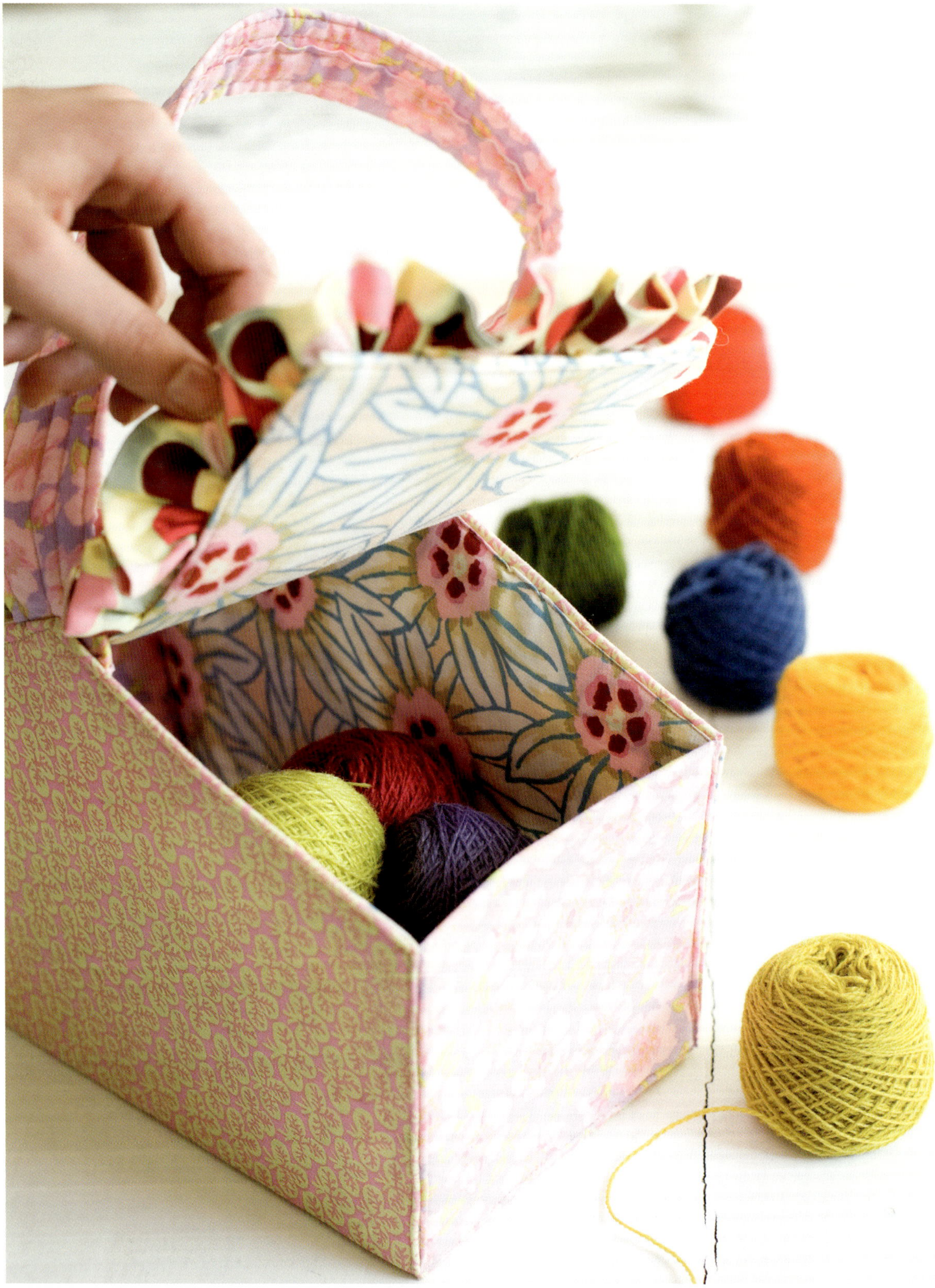

ASTUCE

Le froufrou peut être remplacé par un galon de pompons. L'anse peut être supprimée et le panier se transforme alors en boîte.

LE PANIER

1. Assemblez les côtés du panier à la machine avec le fil transparent ou ton sur ton **(2)**.

2. Réalisez le froufrou (voir p. 7). Placez-le tout autour sur le couvercle recouvert de tissu, et cousez-le à la main à points cachés **(3)**.

3. Recouvrez de tissu la bande de molleton et matelassez-la à la machine dans la longueur.

4. Fixez le couvercle en son milieu par quelques points, puis fixez l'anse **(4)**. Sur une des faces du panier, appliquez 2 grosses fleurs au point avant avec le coton perlé n° 8 **(5)**.

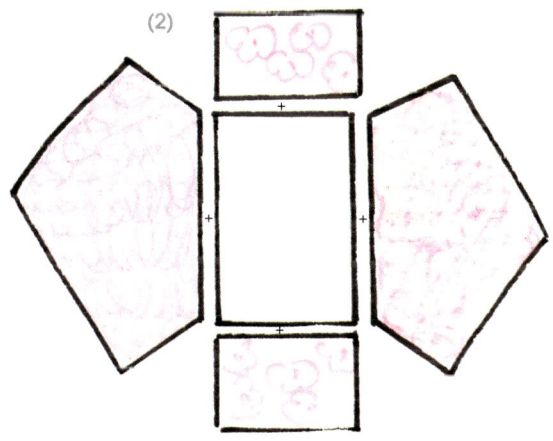

(2) Assemblez le tout à la main ou à la machine avec un fil ton sur ton

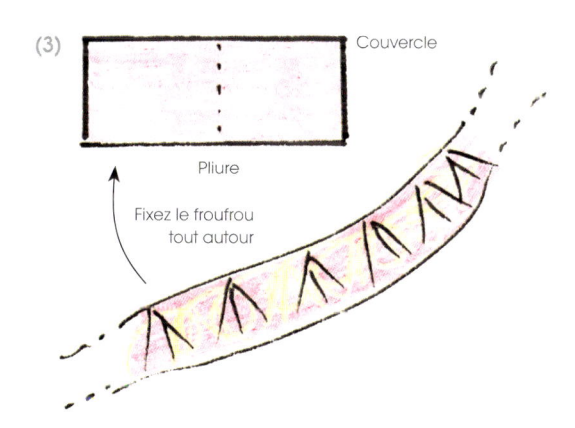

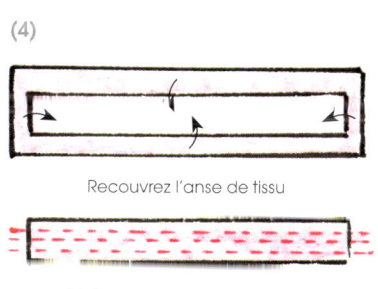

(3) Couvercle — Pliure — Fixez le froufrou tout autour

(4) Recouvrez l'anse de tissu — Matelassez 3 lignes parallèles

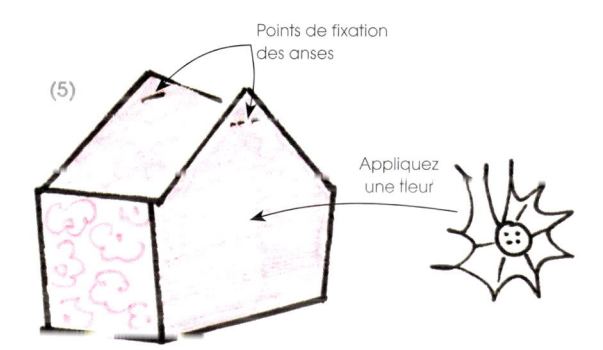

(5) Points de fixation des anses — Appliquez une fleur

Grigri de ciseaux

Avec ce drôle de grigri multicolore, plus d'excuse pour perdre vos ciseaux !

FOURNITURES
- *Des chutes de tissu coloré*
- *5 boules de feutre*
- *1 cordelette de 50 cm*
- *Un peu de ouate*

1. Dans des chutes de tissu, confectionnez 8 ou 9 yoyos (voir p. 7). Rembourrez certains avec de la ouate.

2. Fixez à petits points vos yoyos et vos boules de feutre sur la cordelière en laissant 20 cm de libre au centre de la cordelette pour y placer les ciseaux.

ASTUCE
Les grigris sont l'occasion rêvée de placer toutes sortes de petites breloques comme des boutons, les perles des colliers cassés...

J'adore les yoyos et je trouve toujours un prétexte pour en mettre partout : sacs, pochettes, étuis...

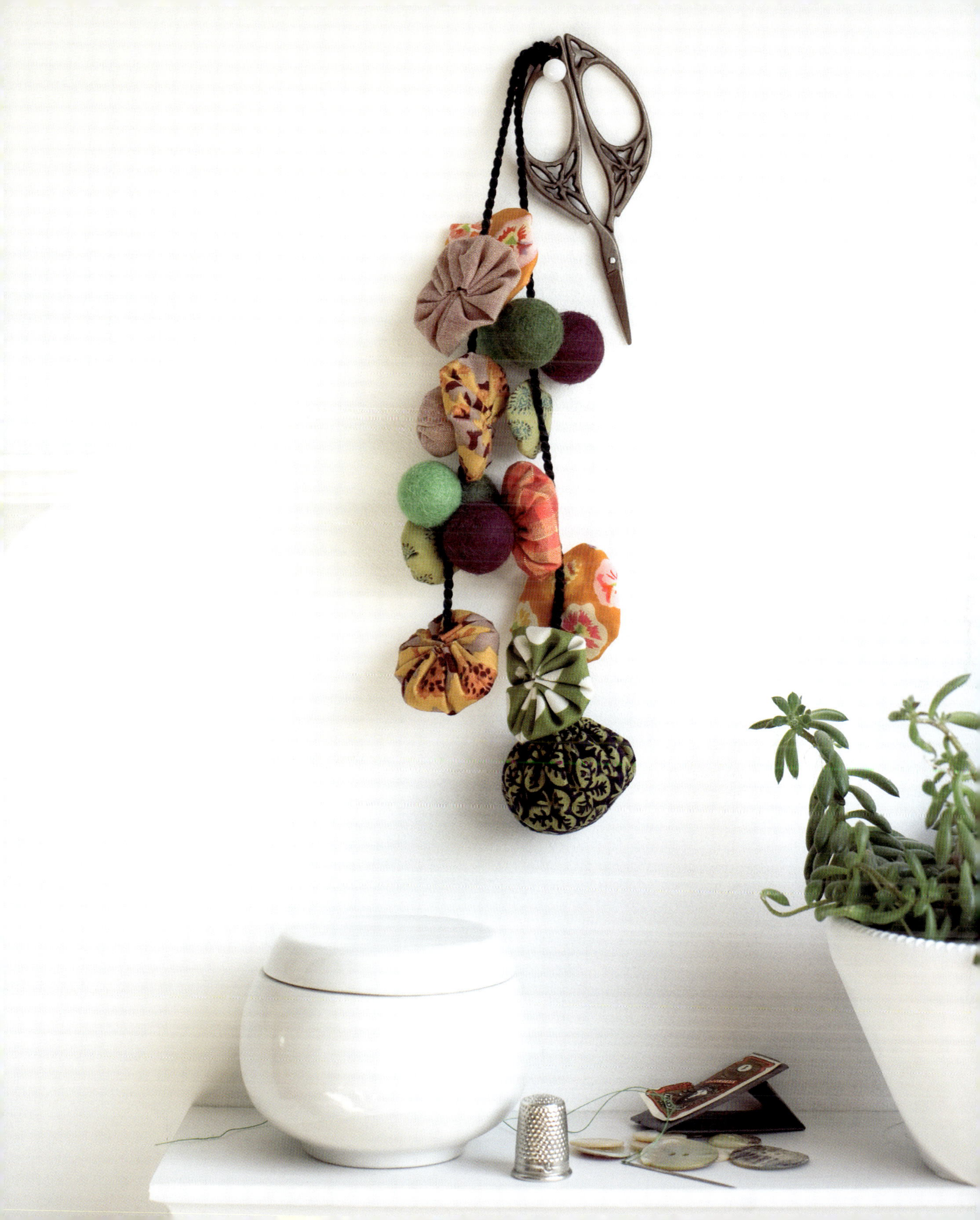

Éventail à crochets

Bien alignés, les crochets attendent sagement votre prochaine création.

FOURNITURES

- *Du tissu à jolis motifs : 25 x 30 cm*
- *Du tissu à motifs d'un coloris assorti (pour l'extérieur) : 25 x 30 cm*
- *Du molleton de type Coton : 25 x 30 cm*
- *1 lien de 50 cm (ruban, ficelle...)*
- *Du coton à crocheter, 1 crochet n° 2,5*
- *Du coton perlé n° 8*

Gabarit p. 63
Modèle de la broderie p. 64

L'ÉVENTAIL

1. Dans le tissu à motifs (qui sera la poche pour les crochets), découpez 2 gabarits entiers (voir p. 63). Superposez-les endroit contre endroit, cousez sur la partie arrondie, retournez, et repassez. Posez cette poche sur le fond de la pochette. Épinglez.
2. Cousez sur les lignes verticales (qui créeront les intervalles où se glisseront les crochets). Repassez.
3. Superposez cette partie (endroit contre endroit) sur l'autre fond et sur le molleton.
4. Placez le ruban plié en deux entre les 2 épaisseurs, et cousez tout autour en laissant une ouverture sur le côté pour retourner. Retournez, fermez et repassez.

LES FINITIONS

1. Faites un point de feston le long de la partie arrondie. Arrêtez le point.
2. Avec le crochet n° 2,5 (ou n° 3), suivez le diagramme : 3 ml, 3 DB, 1 ms/1 ms/1 ms, 3 DB, 1 ms...
3. Brodez au point arrière « Mes Crochets » (voir p. 64).

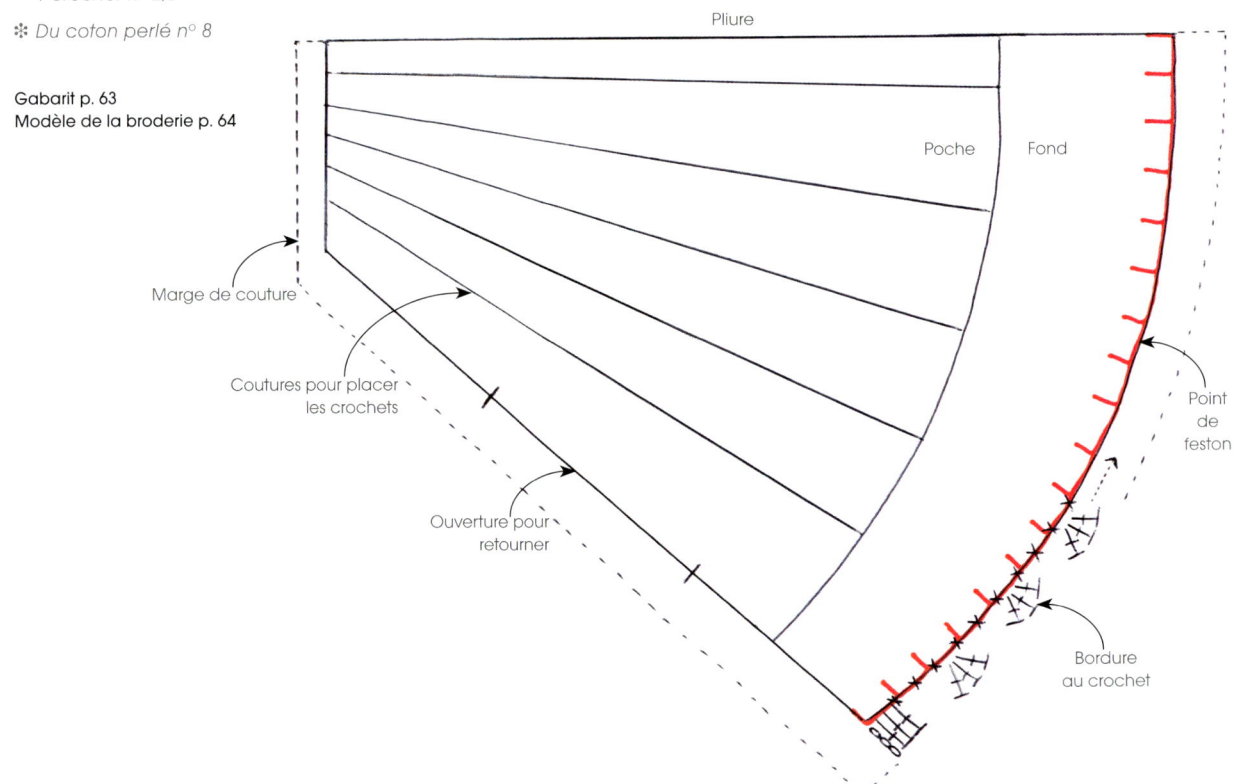

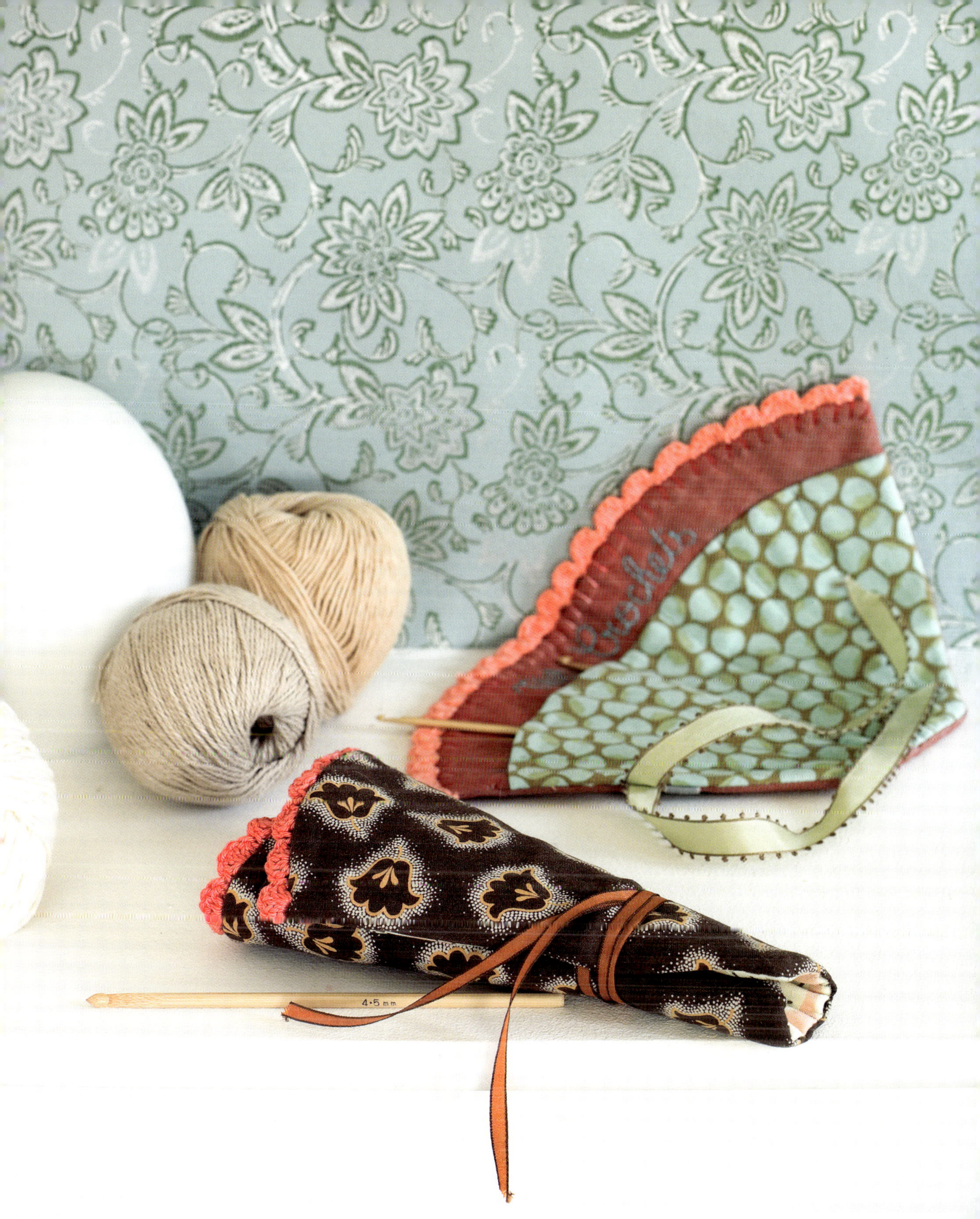

Carnet d'idées

Notez toutes vos inspirations créatives dans ce joli porte-carnet qui ne quittera plus votre atelier.

FOURNITURES

✤ *Du lin turquoise :*
  2 rectangles
  de 26 x 16 cm
✤ *Du molleton : 1 rectangle*
  de 26 x 16 cm
✤ *Du lin rose : 1 rectangle*
  de 16 x 24 cm
  plié en deux (poche)
✤ *Du molleton (pour*
  la poche) : 1 rectangle
  de 16 x 12 cm à placer
  dans le lin rose
✤ *Quelques chutes*
  de tissu à motifs fleuris,
  pour l'appliqué
✤ *Du ruban : 20 cm*
  pour l'accroche
✤ *1 carnet aux bonnes*
  mesures
✤ *Du coton perlé n° 8*
  violet et vert

Modèle des oiseaux p. 64

ASTUCE
Les oiseaux sont découpés dans un tissu à motifs cachemire. Rien de plus facile que de les isoler pour leur donner une forme d'oiseau.

LE CARNET

1. Posez sur le molleton 1 rectangle de lin turquoise, pliez la poche en deux, placez-la sur le lin, puis recouvrez-la avec l'autre rectangle de lin. Placez le ruban entre les 2 épaisseurs de lin en haut et épinglez.
2. Piquez tout autour, en laissant une ouverture pour retourner. Retournez et repassez.

LES FINITIONS

1. Découpez la forme des oiseaux (voir p. 64) dans du tissu fleuri et cousez-les en appliqué.
2. Brodez les branches au point de bouclette avec le fil vert pour les feuilles et au point de tige pour la branche. Brodez « Mes idées » au point arrière avec le fil violet.

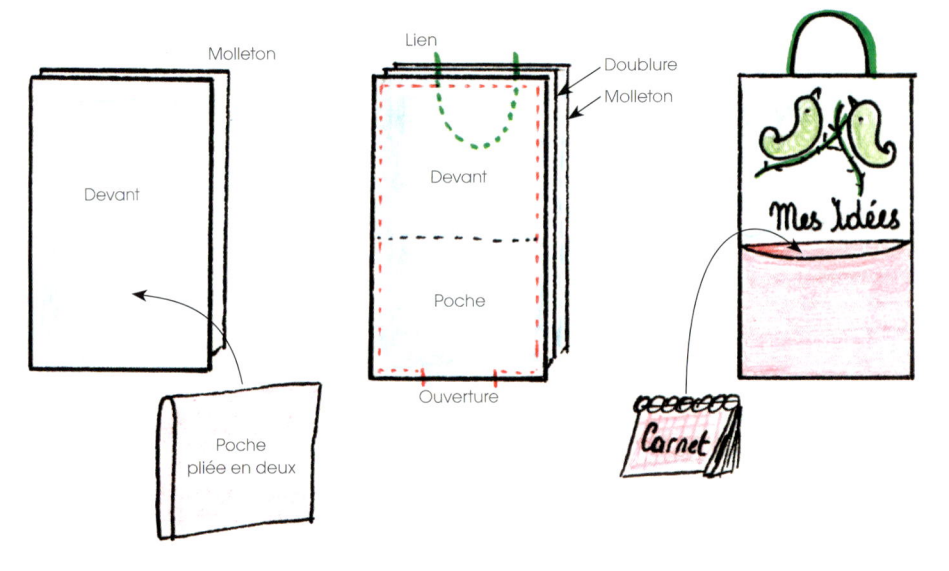

Mes idées...

Minipochon

Faites place nette sur la table de travail : tous vos trésors et petits fouillis sont enfin bien ordonnés dans ces jolis pochons.

FOURNITURES

- *Du tissu à pois : 1 rond de 30 cm de diamètre*
- *Du tissu à fleurs : 1 rond de 30 cm de diamètre*
- *2 liens de 50 cm*
- *2 petites boules crochetées ou 2 perles*
- *1 épingle de nourrice*

ASTUCE

Je vous déconseille de mettre un molleton sur une si petite taille de pochon. Évitez aussi les tissus d'ameublement trop épais, qui ne peuvent pas froncer.

1. Superposez endroit contre endroit les 2 ronds de tissu. Cousez-les à 1 cm du bord en laissant une ouverture pour retourner. Retournez et repassez. Fermez l'ouverture.

2. Piquez tout autour à 1,5 cm du bord, pour former le petit tunnel pour les liens.

3. Pour passer les liens, il suffit de faire 2 petites ouvertures sur le tunnel en opposé. Avec une épingle de nourrice, placez les liens (comme 2 épingles à chignon tête-bêche).

LE MAXI-POCHON

La technique est la même en utilisant des ronds de tissu de 50 cm de diamètre et en ajoutant un molleton entre les 2 tissus. Cousez 20 anneaux à intervalles réguliers pour passer les liens, et fixez aux extrémités des yoyos embellis à votre guise.

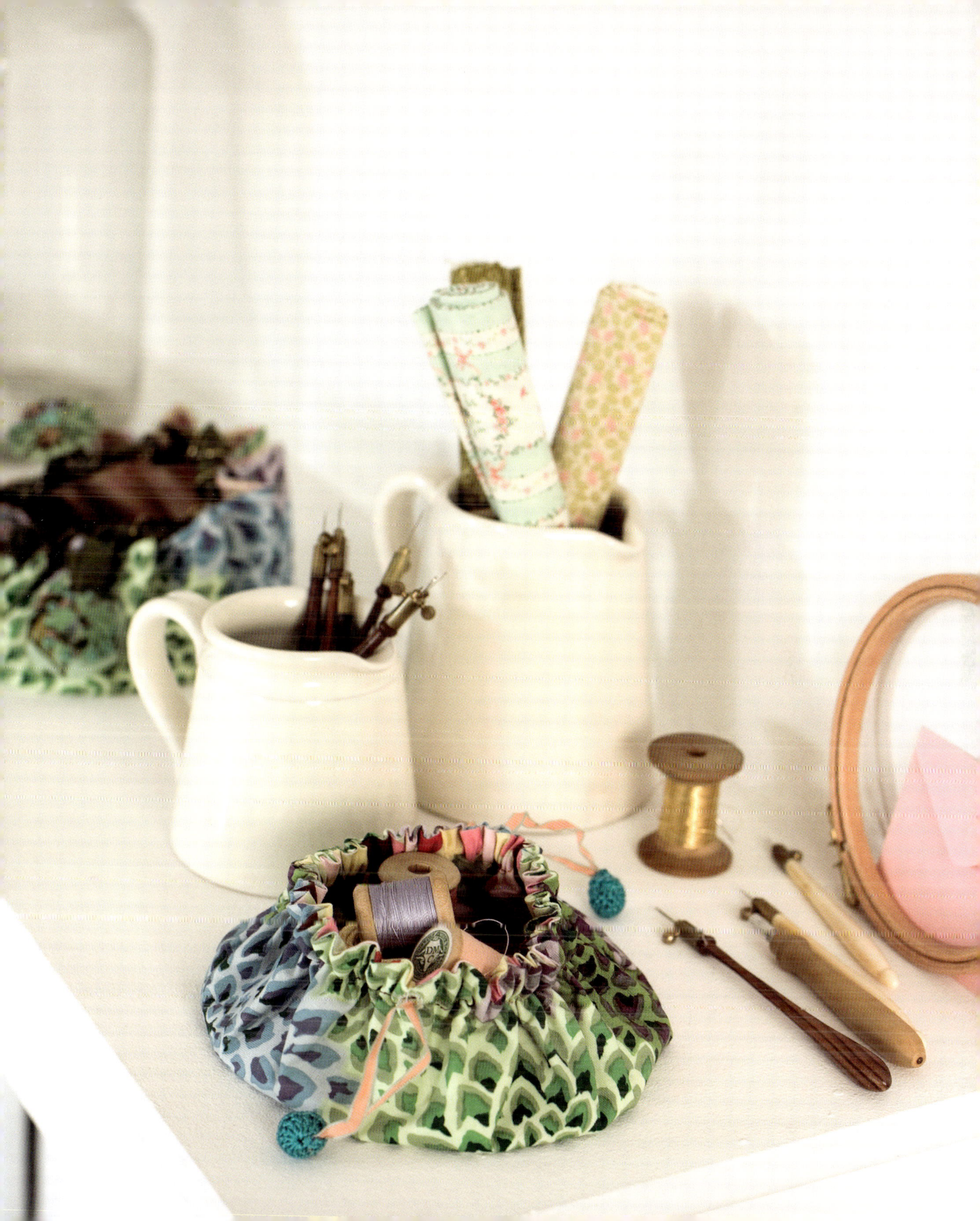

Dévidoir malin

Idéal pour empêcher les pelotes de rouler dans toute la maison, très utile lorsqu'on tricote du jacquard.

FOURNITURES

* *Du molleton rigide (Jeffitex) : 50 cm*
* *Du tissu à fleurs pour l'extérieur : 50 cm*
* *Du tissu assorti pour l'intérieur : 50 cm*
* *Du galon à pompons : 40 cm*
* *De la colle de type 505 repositionnable*
* *1 œillet métallique*

Gabarit p. 63

LA BASE ET LES CÔTÉS

1. Dans le molleton rigide, découpez 4 fois le gabarit des côtés (voir p. 63) et 2 carrés de 8,5 cm pour le fond et le couvercle. Recouvrez les faces extérieures de tissu avec la colle repositionnable. Repassez.
2. Faites le même travail pour les faces intérieures.
3. Assemblez les 4 côtés en piquant tout autour à la machine ou à la main.
4. Recouvrez le fond et le couvercle de tissu avec la colle, puis piquez tout autour avec le fil invisible.
5. Fixez le fond à la boîte.

LE COUVERCLE

1. Perforez le couvercle et posez un œillet métallique pour pouvoir passer la laine. Fixez le couvercle à points cachés sur un seul côté, pour permettre son ouverture.
2. Cousez un galon de pompons tout autour.

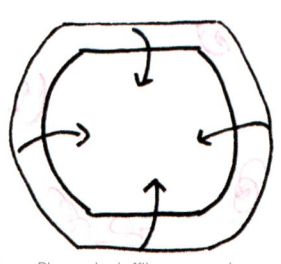

Placez le Jeffitex au centre et rabattre le tissu

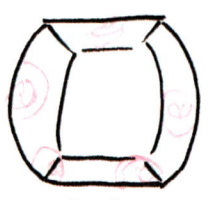

Encollez

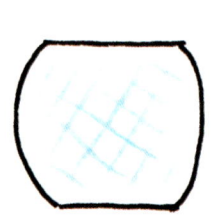

Placez la doublure et faites de même

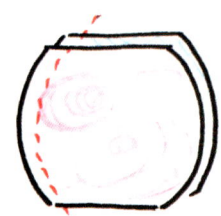

Cousez sur les côtés

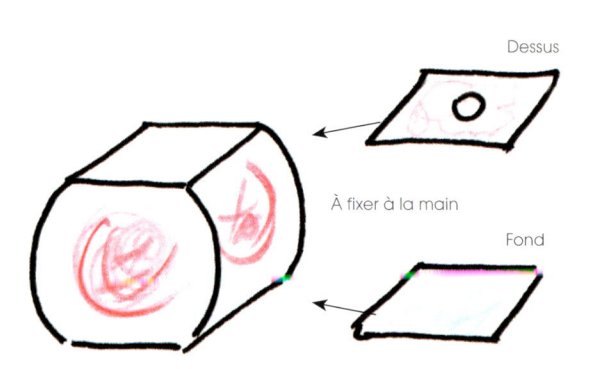

Dessus

À fixer à la main

Fond

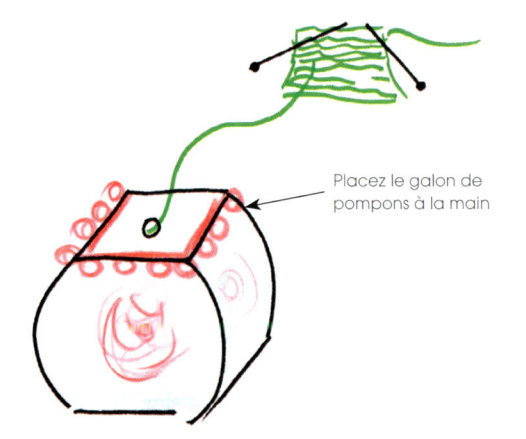

Placez le galon de pompons à la main

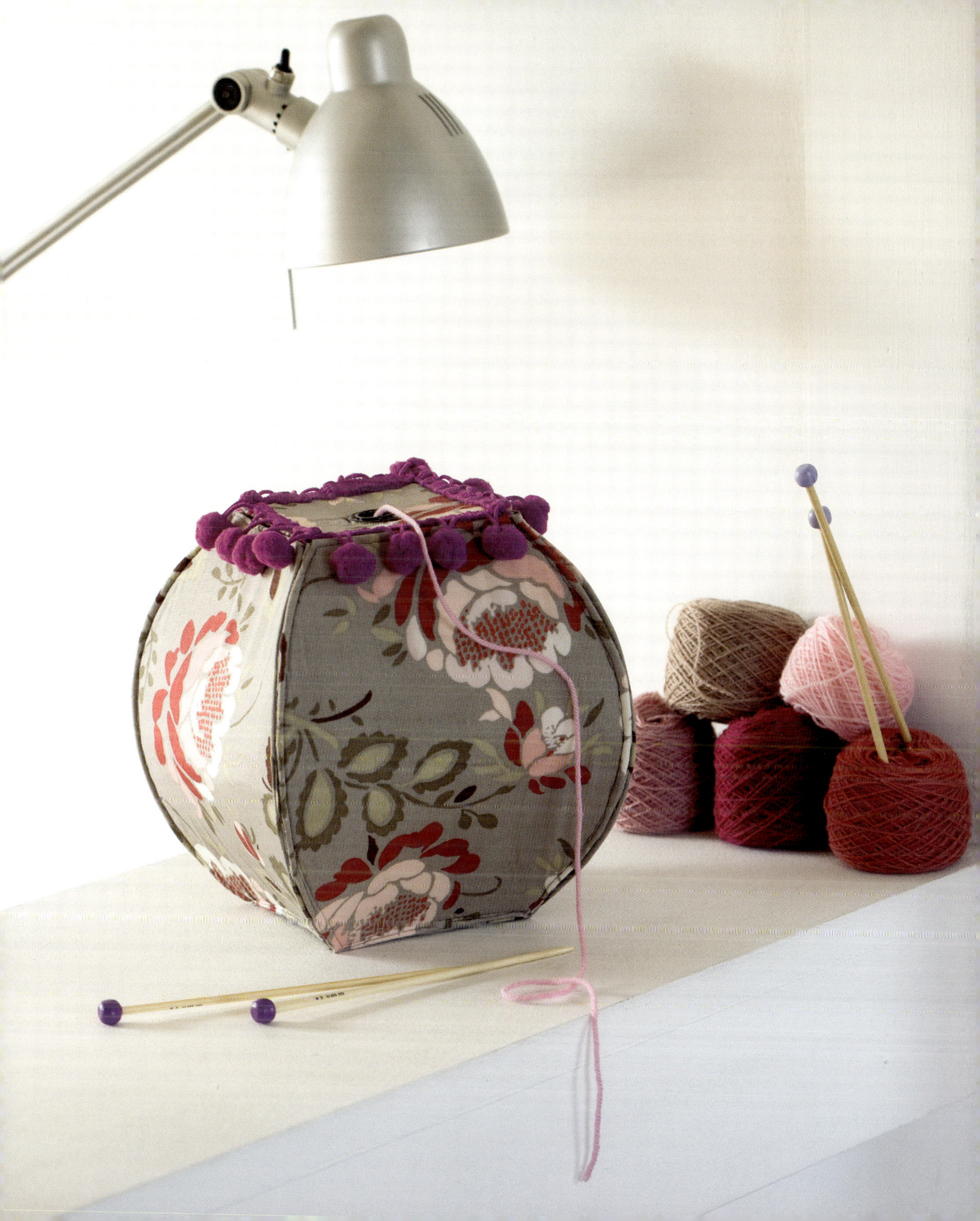

Carnet à crochets

Diagrammes et crochets au même endroit !
Ultrapratique pour un ouvrage nomade.

FOURNITURES

- Du lin bleu ciel (intérieur) : 1 rectangle de 30 x 20 cm
- Du tissu fleuri (extérieur) : 1 rectangle de 30 x 20 cm
- Du tissu fleuri pour la poche : 1 rectangle de 30 x 20 cm plié en deux
- Du molleton : 1 rectangle de 30 x 20 cm
- Du tissu à motifs colorés : une bande de 6 x 110 cm, pliée en deux et repassée, pour les fronces
- 1 carnet d'environ 13 x 13 cm
- 1 ruban de 50 cm
- Du coton perlé n° 8 dans différents coloris

Modèle de la broderie p. 64

LA POCHE

1. Commencez par plier en deux le rectangle de tissu fleuri de 30 x 20 cm : ce sera la poche. En vous reportant au schéma, placez ce rectangle sur le lin et épinglez-le.
2. Piquez tous les 1,5 cm d'un côté l'emplacement des crochets. Laissez l'autre côté libre (15 cm), où viendra se loger le carnet.

LE FROUFROU

Réalisez le froufrou (voir p. 7) et épinglez-le tout autour. Épinglez le ruban plié en deux à mi-hauteur.

LES FINITIONS

1. Placez l'autre tissu pour le dos de l'ouvrage endroit contre endroit et cousez tout autour, en laissant une ouverture pour retourner. Retournez. Repassez. Fermez l'ouverture.
2. Brodez au point arrière « Mes Crochets » ainsi que les numéros.

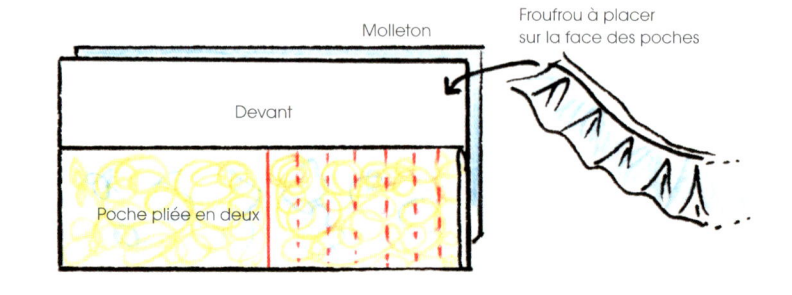

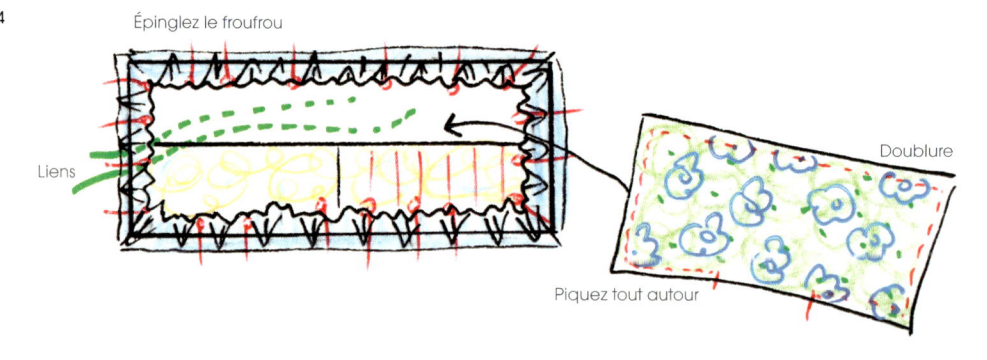

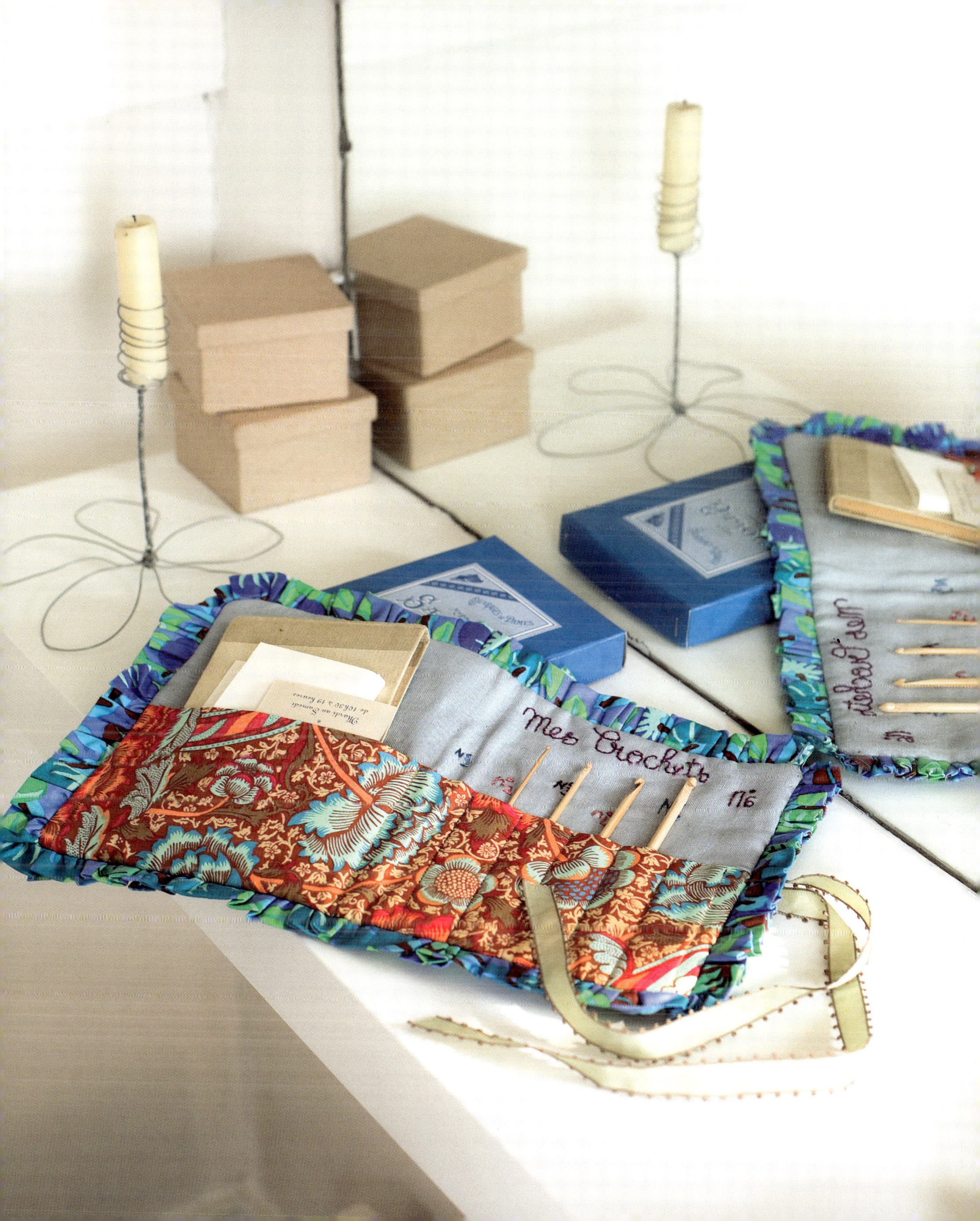
Mes Crochets

Mon sac à ouvrage

Son beau volume est idéal
pour un ouvrage encombrant.

FOURNITURES

❊ *Du tissu fleuri : 40 cm (en 110 cm de large)*
❊ *Du tissu vichy : 40 cm (en 110 cm de large)*
❊ *Du molleton type « nuage » : 40 cm*
❊ *Du tissu à petits motifs pour le froufrou : 40 cm (en 110 cm de large)*
❊ *De la colle de type 505 repositionnable*
❊ *Du fil transparent ou ton sur ton*

Gabarit p. 62

LA PRÉPARATION

1. Coupez dans chacun des 2 tissus (fleuri et vichy) 4 gabarits (voir p. 62).
2. Alternez chaque couleur et cousez 2 enfilades de 4 faces (l'une servira pour l'extérieur du sac, l'autre pour l'intérieur). Repassez (1).
3. Réalisez un froufrou (voir p. 7).

LA STRUCTURE

1. Collez une « enfilade » sur du molleton (2). Évidez les surplus de molleton tout autour.
2. Épinglez le froufrou (3) en laissant 1 cm libre aux extrémités.
3. Placez la 2ᵉ enfilade (la doublure), endroit contre endroit (4) et cousez sur toute la longueur. Le froufrou est donc entre les 2 tissus.

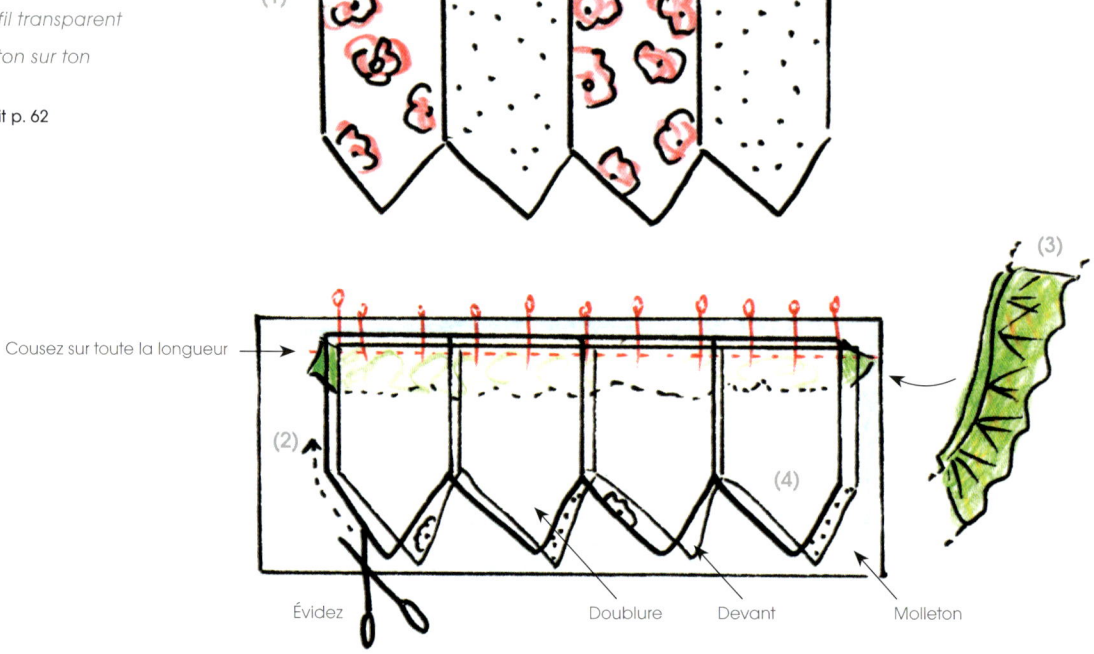

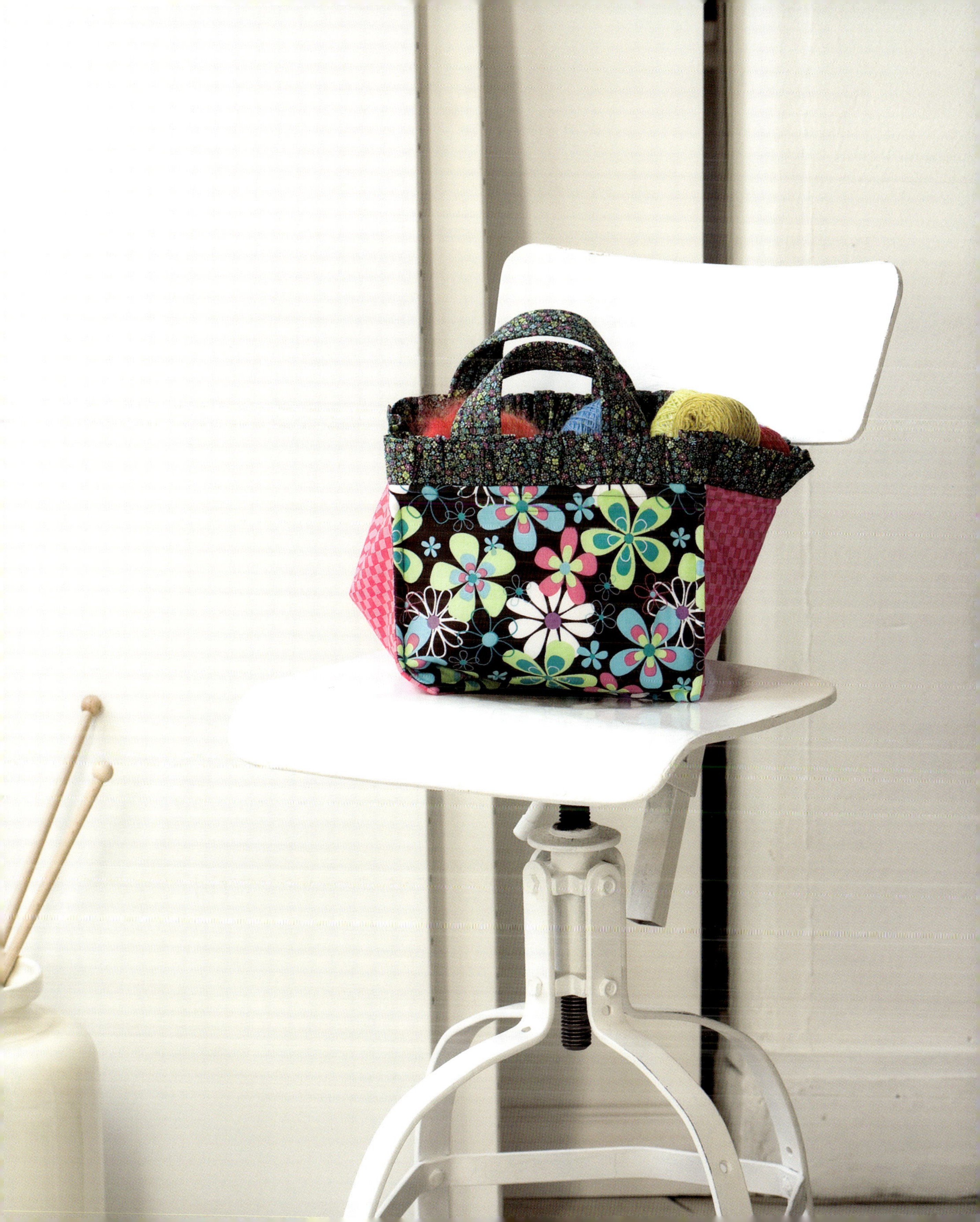

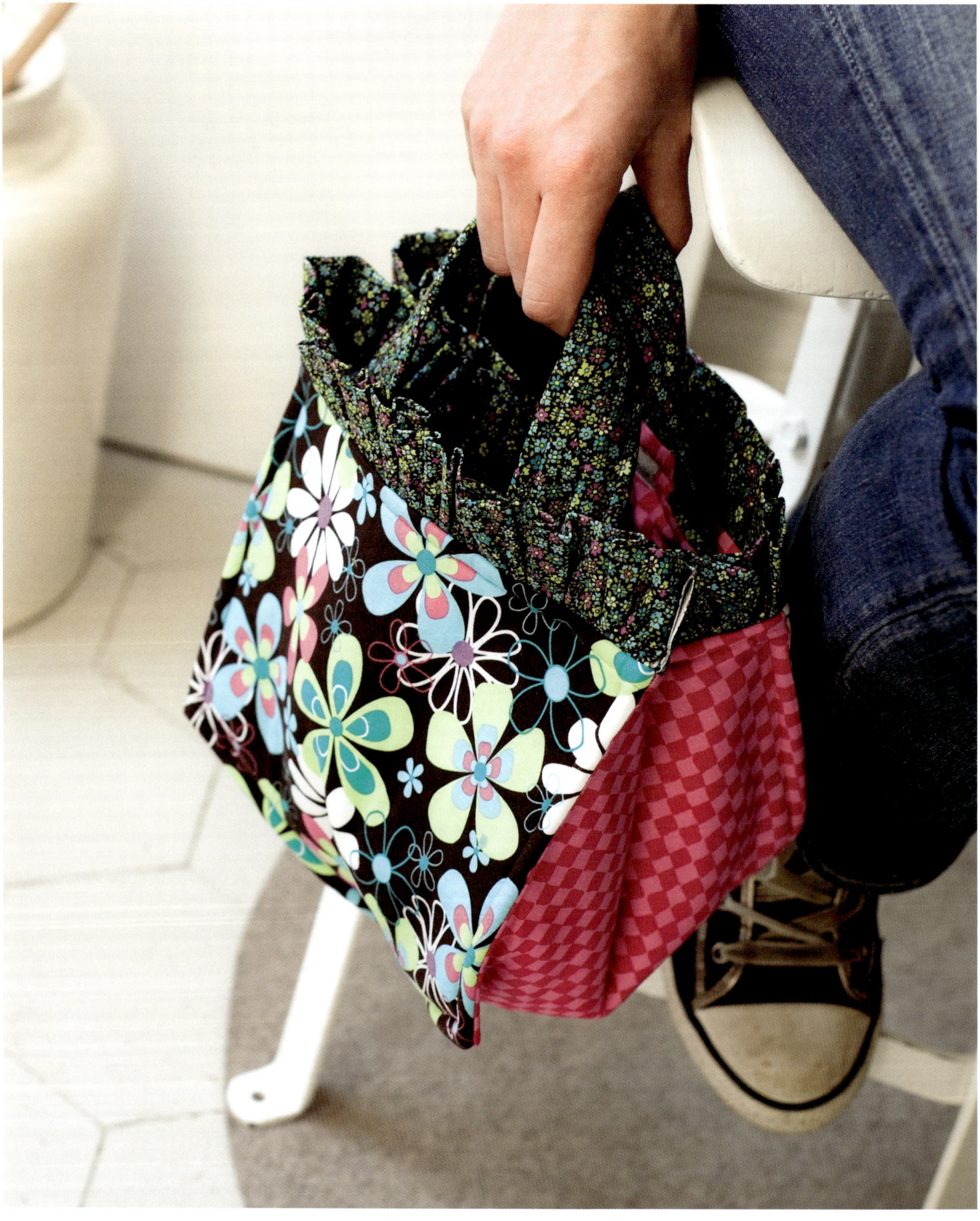

4. Ouvrez et cousez les 2 bords : vous obtenez un tube ; cela forme un devant de sac et une doublure de sac en opposition. Pour fermer le fond du sac, cousez les bords des pointes les unes aux autres : assemblez A et A', B et B', etc. **(5)**. Du côté de la doublure, laissez une ouverture pour retourner. Retournez, fermez et repassez.

LES FINITIONS

1. Surpiquez toutes les arêtes du sac avec 1 fil transparent ou ton sur ton pour lui donner plus de tenue.
2. Confectionnez une paire d'anses, en recouvrant de tissu une bande de molleton **(6)**. Fixez les anses.

PETITE LEÇON DE MATHÉMATIQUES

*Ce sac peut être agrandi et réduit selon vos désirs. Mais gardez toujours cette formule : la pointe du sac est égale à un quart du carré de base.
Ici, le carré (la forme sans la pointe) mesure 24 x 24 cm ; on a ajouté 12 cm pour former la pointe.
Si le carré est de 20 x 20 cm, on ajoutera 10 cm pour former la pointe.
Si le carré mesure 12 x 12 cm, on ajoutera 6 cm pour former la pointe.
Et si ce sac devient géant, soit un carré de 30 x 30 cm, on ajoutera 15 cm pour former la pointe.
Les maths et la règle de trois sont aussi très utiles en couture !*

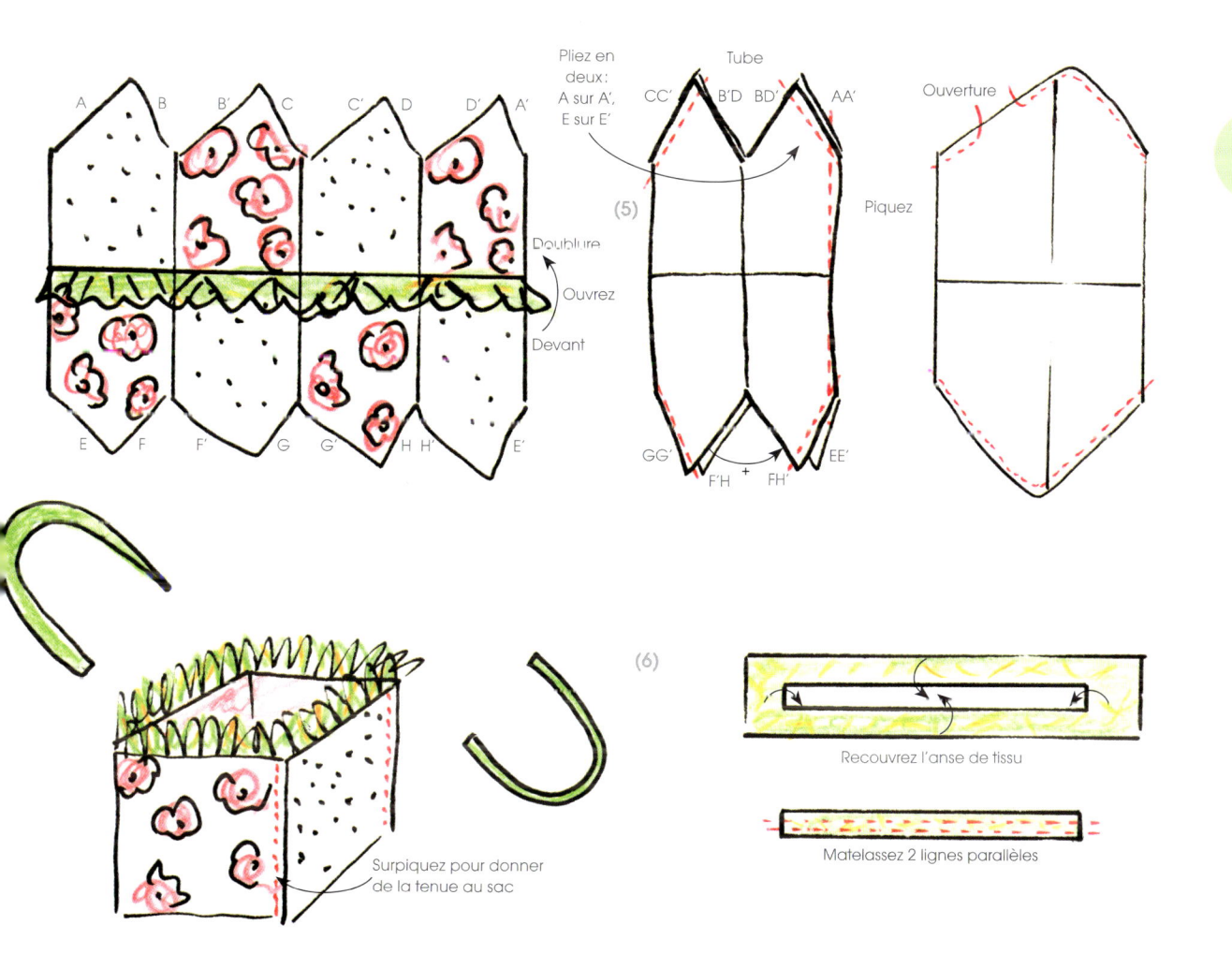

Recto verso pour mon tricot

Comme il est pratique ce joli sac, il se déplie entièrement pour emporter son tricot partout et ne plus égarer ses laines !

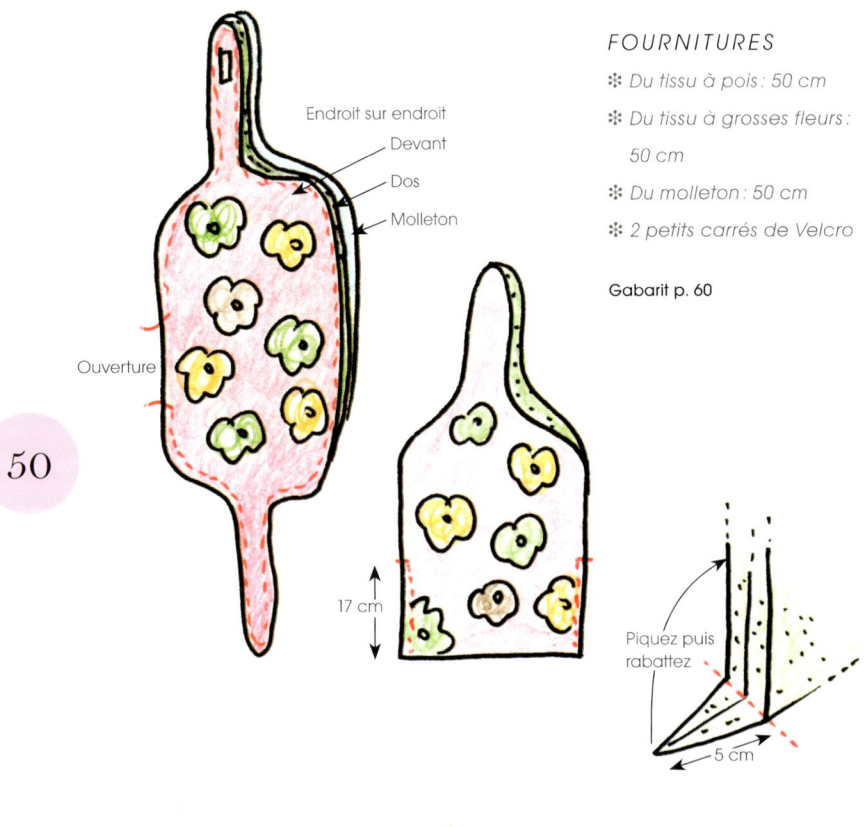

FOURNITURES

❊ *Du tissu à pois : 50 cm*
❊ *Du tissu à grosses fleurs : 50 cm*
❊ *Du molleton : 50 cm*
❊ *2 petits carrés de Velcro*

Gabarit p. 60

LE SAC

1. Reconstituez le gabarit entier à partir du tracé p. 60. Découpez un gabarit dans le tissu à fleurs, un autre dans le tissu à pois et un autre encore dans le molleton. Superposez endroit contre endroit les 2 tissus et placez-les sur le molleton. Piquez tout autour en laissant une ouverture pour retourner.

2. Confectionnez une poche pour l'intérieur : dans le tissu à grosses fleurs, découpez 2 rectangles de 20 x 15 cm. Superposez-les endroit sur endroit. Cousez tout autour en laissant une ouverture pour retourner. Retournez, fermez, repassez. Placez la poche sur le tissu à pois (la doublure) et cousez sur 3 côtés.

3. Retournez, repassez et fermez l'ouverture, puis surpiquez tout autour à 0,5 cm du bord.

4. Pliez le sac en deux et piquez les côtés sur 17 cm.

5. Retournez le sac et cassez les angles (comme une brique de lait), piquez et rabattez l'angle sur le côté. Fixez-le par un point.

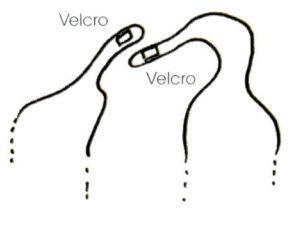

LES ANSES

Fixez les Velcro sur les anses pour pouvoir ouvrir et fermer à votre guise.

LA FLEUR

Dans le tissu à fleurs, découpez une fleur et collez-la sur du molleton. Piquez tout autour et fixez un bouton pour le cœur de la fleur.

À NOTER

Un seul gabarit est nécessaire pour ce sac. Sa taille est parfaite et les aiguilles peuvent dépasser sans gêner.

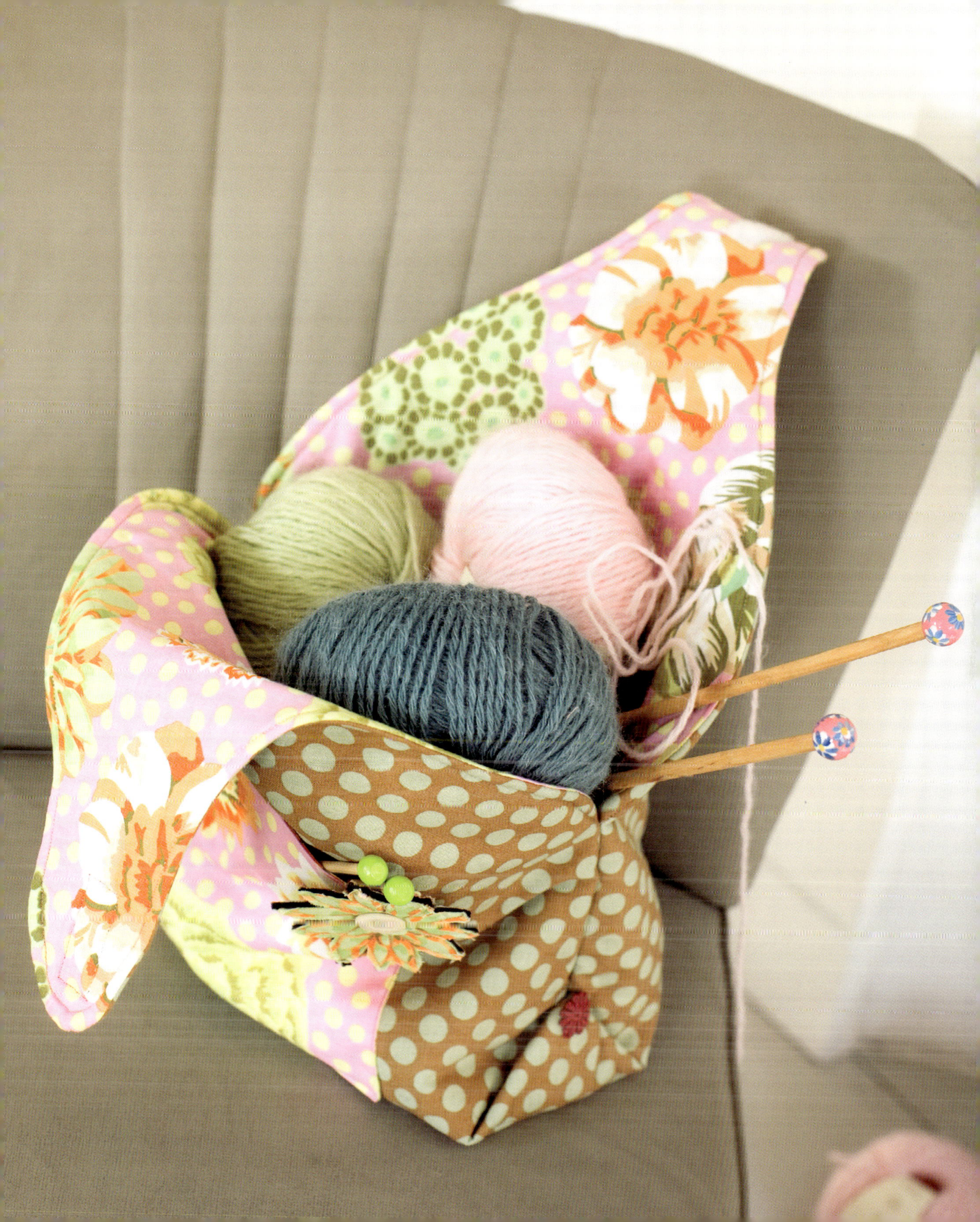

Range-aiguilles à tricoter

Bien ordonnées dans leur écrin douillet, les aiguilles sont visibles d'un seul coup d'œil ! Futé !

FOURNITURES

❊ *Du molleton rigide :*
  40 x 20 cm
❊ *Du tissu pour l'intérieur :*
  45 x 25 cm
❊ *Du tissu pour l'extérieur :*
  45 x 25 cm
❊ *De la colle type 505*
  repositionnable
❊ *Du fil transparent*
  ou ton sur ton

Gabarit p. 61

LA PRÉPARATION

Découpez le gabarit (voir p. 61) dans le molleton rigide. Collez-le sur l'un des 2 tissus et repassez-le. Coupez le surplus de tissu tout autour en laissant 1,5 cm que vous rabattrez sur l'autre face. Pour bien rabattre, crantez dans les creux et n'hésitez pas à mettre beaucoup de colle. Repassez.

L'ÉTUI

1. Collez ensuite l'autre tissu sur l'autre face, et faites un rentré pour que les tissus se retrouvent bord à bord. Piquez tout autour avec le fil transparent ou ton sur ton. Repassez.
2. Pliez le côté le moins large sur l'intérieur et repassez. Pliez le côté le plus large et repassez.
3. Cousez à 2 mm du bord pour fermer le côté et le fond de l'étui.

ASTUCE

Vos doigts seront un peu noircis par la colle : utilisez de l'eau chaude. Et pour l'aiguille de la machine à coudre, utilisez un peu de dissolvant.

CONSEIL

Vous pouvez raccourcir votre étui à volonté et ainsi y ranger vos crochets et même vos crayons.

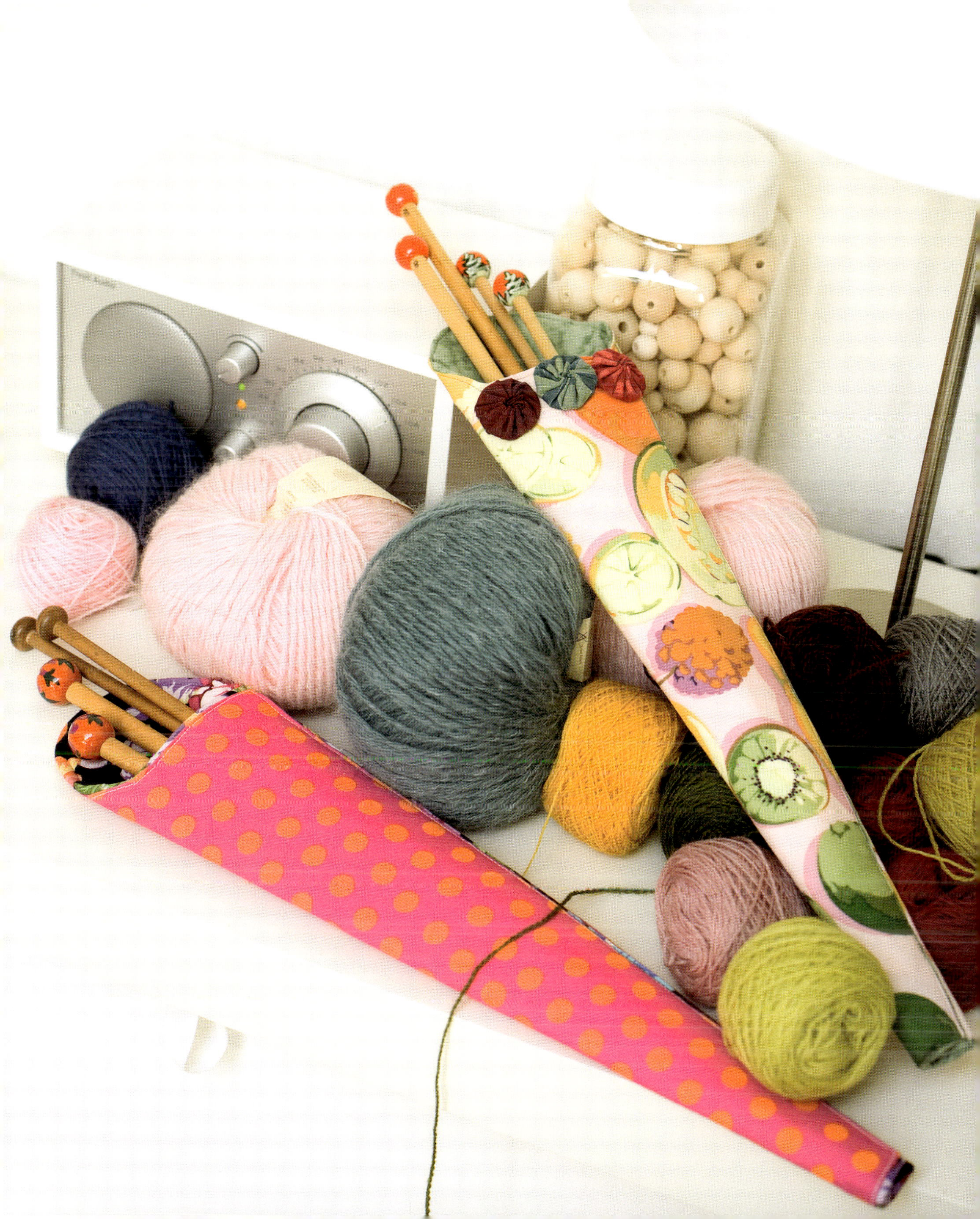

Maxi-pochette froufrou

Des fleurs et des froufrous pour une adorable pochette vraiment trop craquante.

FOURNITURES

❈ *Du tissu fleuri :*
 1 rectangle
 de 86 x 40 cm
❈ *Du tissu de doublure :*
 1 rectangle
 de 86 x 40 cm
❈ *Du molleton :*
 1 rectangle
 de 75 x 30 cm
❈ *Du tissu orangé :*
 2 bandes pour
 le froufrou de 9 x 110 cm
 (pour les côtés)
 et 2 bandes de 9 x 90 cm
 (pour les extrémités)
❈ *2 coulisses (ruban
 ou ficelle) de 90 cm
 de longueur*
❈ *De la colle type 505
 repositionnable*
❈ *4 perles pour les liens*
❈ *Du fil transparent
 ou ton sur ton*

ASTUCE

Les dimensions peuvent être réduites à volonté. Si le matelassage n'a pas de secret pour vous, alors à vos aiguilles pour mettre en relief toutes les fleurs de votre tissu.

LA POCHETTE

1. Découpez les 2 rectangles de tissu et le molleton. Centrez le molleton entre les 2 tissus. Cousez ensuite tout autour à 0,5 cm du bord du molleton **(1)**.
2. Faites un rentré sur les 2 tissus des côtés. Repassez. Faites les autres rentrés sur les extrémités et repassez **(2)**.

(1) Tissu / Molleton / Tissu
Piquez tout autour

(2) Faites des rentrés sur les 4 côtés et repassez

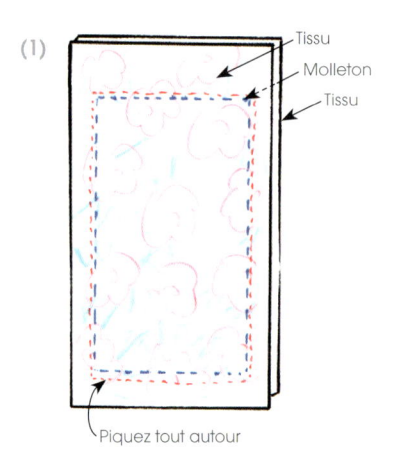

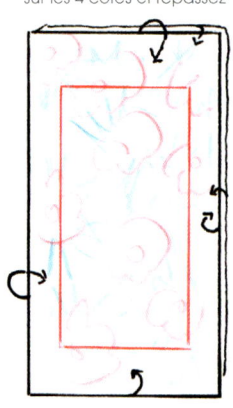

LE FROUFROU

1. Pliez en deux sur la longueur les bandes de tissu orangé et repassez-les. Froncez-les et épinglez-les entre les 2 rentrés. Repassez pour aplatir un peu les épaisseurs, et piquez-les avec du fil transparent ou ton sur ton. Veillez à laisser 2 cm libre (sans froufrou) pour créer le tunnel des liens coulissants **(3)**.
2. Une fois vos fronces cousues, piquez une ligne droite en dessous des fronces des extrémités pour faire le tunnel des liens.

LE MONTAGE

1. Pliez le rectangle en deux, et piquez sur les bords à la même place que la première piqûre du molleton. Votre pochette est terminée.
2. Il ne vous reste plus qu'à glisser le ruban dans la coulisse et à agrémenter les extrémités d'une perle ou d'un yoyo.

(3) Placez le froufrou entre les rentrés
Tunnel de la coulisse
Piqûre
Tunnel de la coulisse

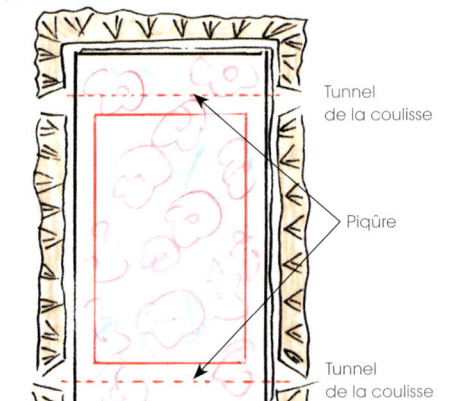

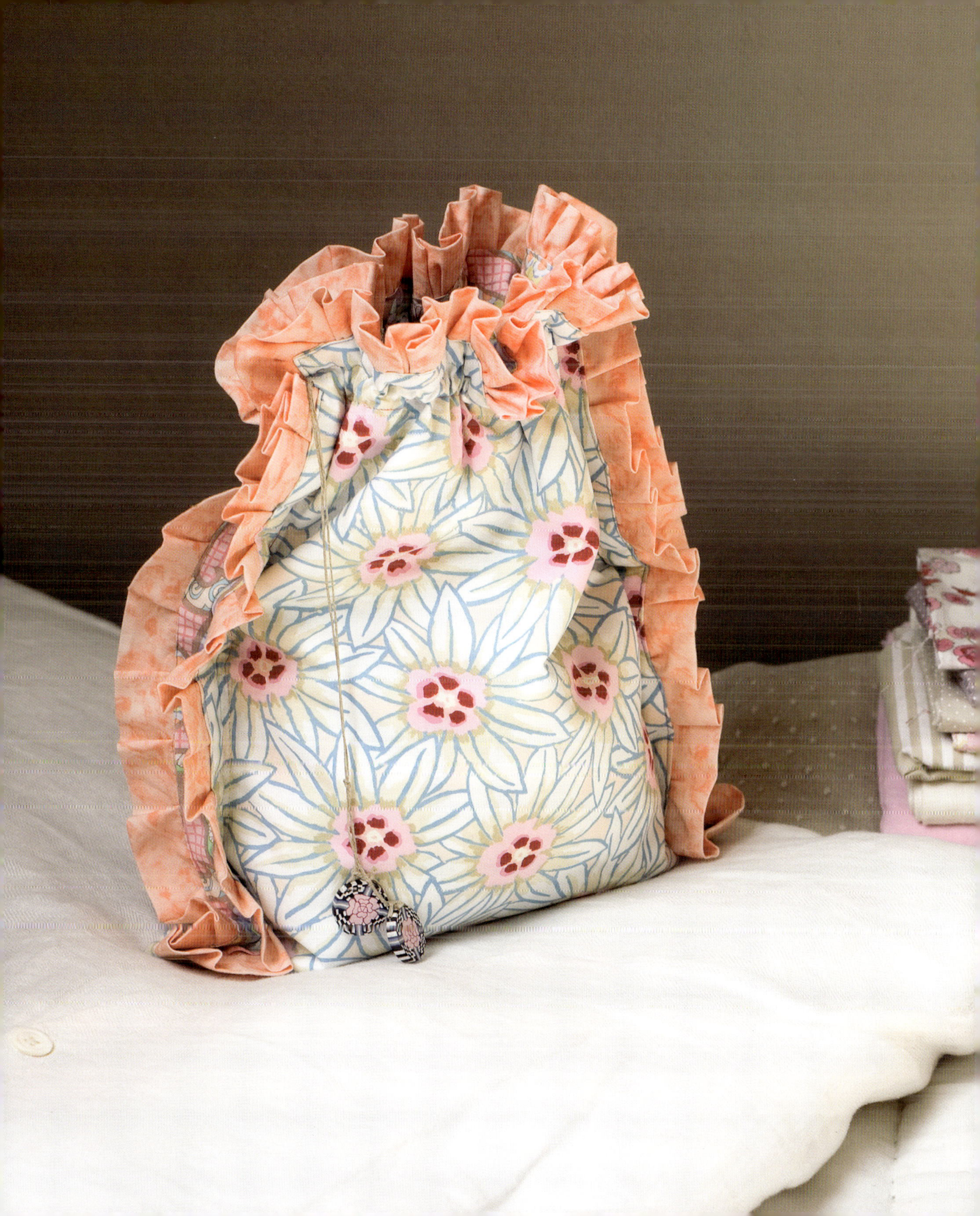

Range-aiguilles

Classiques, mais toujours craquants, ils permettent toutes les audaces créatives !

FOURNITURES

❖ Du tissu en lin à motifs
   pour l'extérieur :
   20 x 12 cm
❖ Du tissu fleuri
   pour l'intérieur :
   20 x 12 cm
❖ Du molleton fin :
   20 x 12 cm
❖ 5 fleurs découpées
   dans un tissu fleuri
❖ Des perles, 1 bouton
❖ Du coton perlé
   pour fixer les perles
   et surpiquer autour
❖ De la feutrine
   pour piquer les aiguilles :
   8 x 15 cm

Gabarit p. 62

ASTUCE

Un joli galon peut remplacer les perles. Vous pouvez également découper des fleurs dans du tissu imprimé, et les fixer en cousant une perle.

LA STRUCTURE

1. Découpez 1 fois le gabarit A (voir p. 62) dans le molleton et 1 fois dans chaque tissu. Superposez-les comme indiqué sur le schéma, et cousez tout autour en laissant une ouverture pour retourner. Retournez et repassez. Fermez l'ouverture.

2. Découpez le gabarit B (voir p. 62) dans la feutrine, et placez la feutrine au milieu des pièces de tissu. (Si vous avez beaucoup d'aiguilles, placez plusieurs feuillets de feutrine.) Cousez.

LES FINITIONS

1. Cousez le bouton et des petites perles sur tout le tour de la face avant.

2. Surpiquez la face extérieure avec le coton perlé.

3. Réalisez une petite chaînette qui s'enroulera autour du bouton. Pliez en deux et repassez.

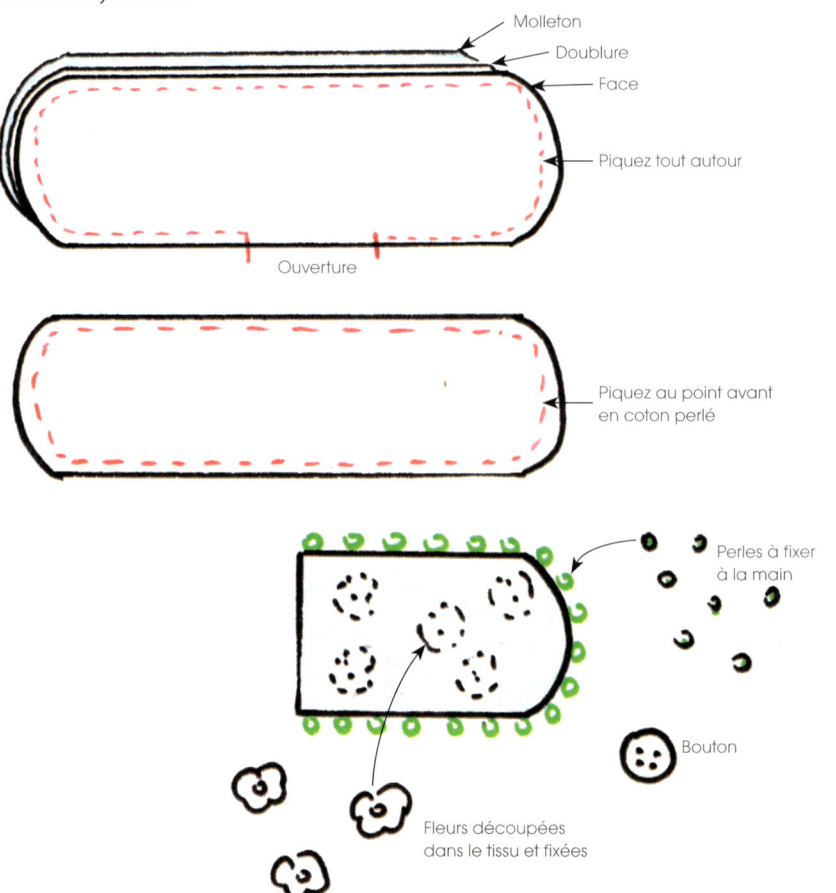

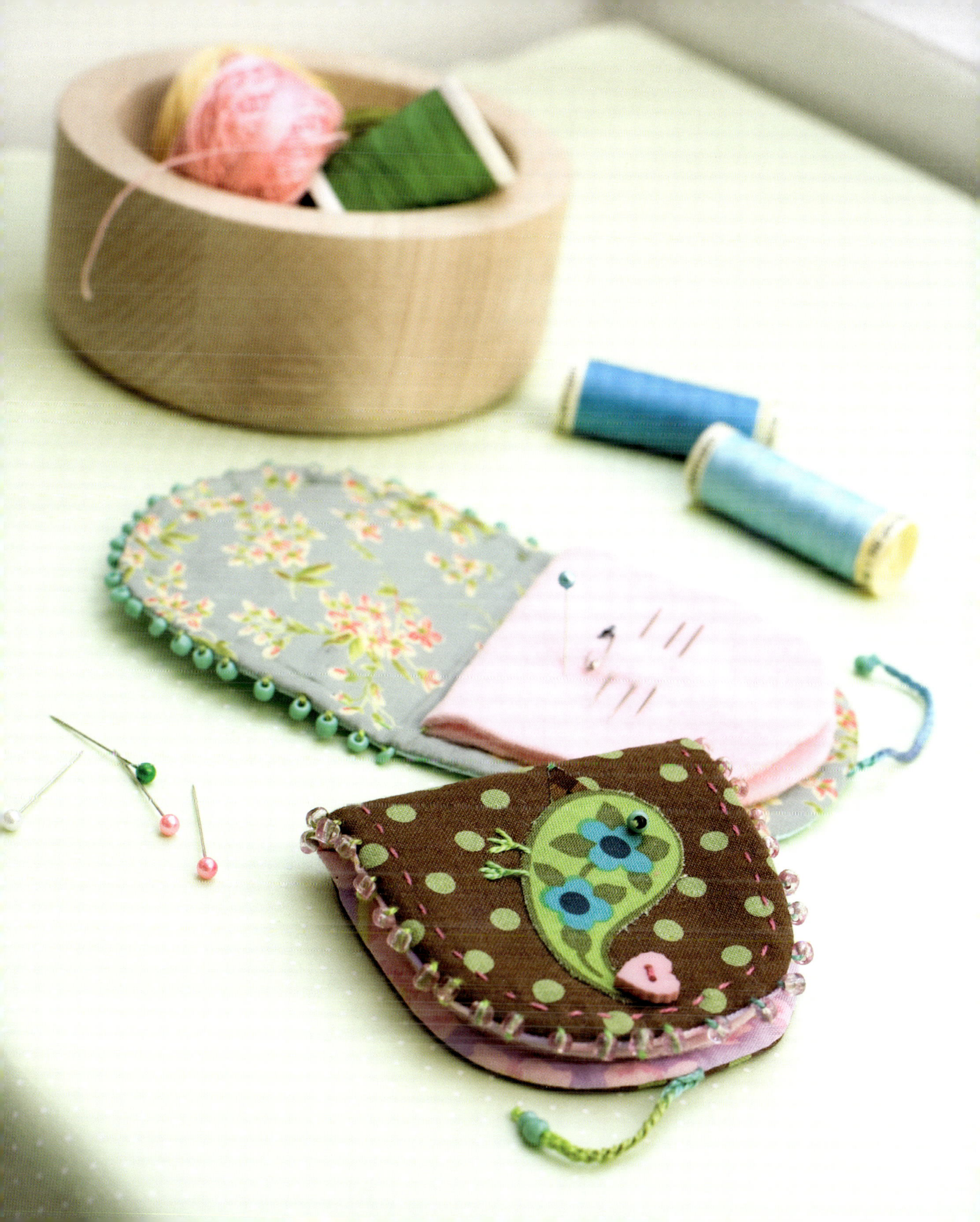

Pique-épingles

Simplissime, à faire en un clin d'œil et à collectionner !

FOURNITURES

* *Du lin de couleur :*
   2 carrés de 12 x 12 cm
* *Du tissu fleuri*
   aux couleurs et
   aux motifs assortis :
   2 carrés de 12 x 12 cm
* *De la ouate*
   pour rembourrer
* *4 boutons fantaisie*

1. Superposez endroit contre endroit les 2 carrés de lin et cousez tout autour en laissant une ouverture pour retourner.
2. Faites de même avec les 2 carrés de tissu fleuri. Retournez-le et repassez-le. Remplissez-le de ouate et fermez.
3. Fermez le carré de lin et repassez, puis surpiquez tout autour.
4. Placez le coussinet au centre du carré de lin en opposant les pointes et rabattez les pointes du carré de lin sur le coussinet, cousez 4 boutons pour le fixer. Le tour est joué !

ASTUCE

Vous pouvez aussi ne faire qu'un coussinet et l'entourer d'un beau ruban. Et pourquoi ne pas le remplir de lentilles pour l'alourdir ? Ou de lavande pour le parfumer ?

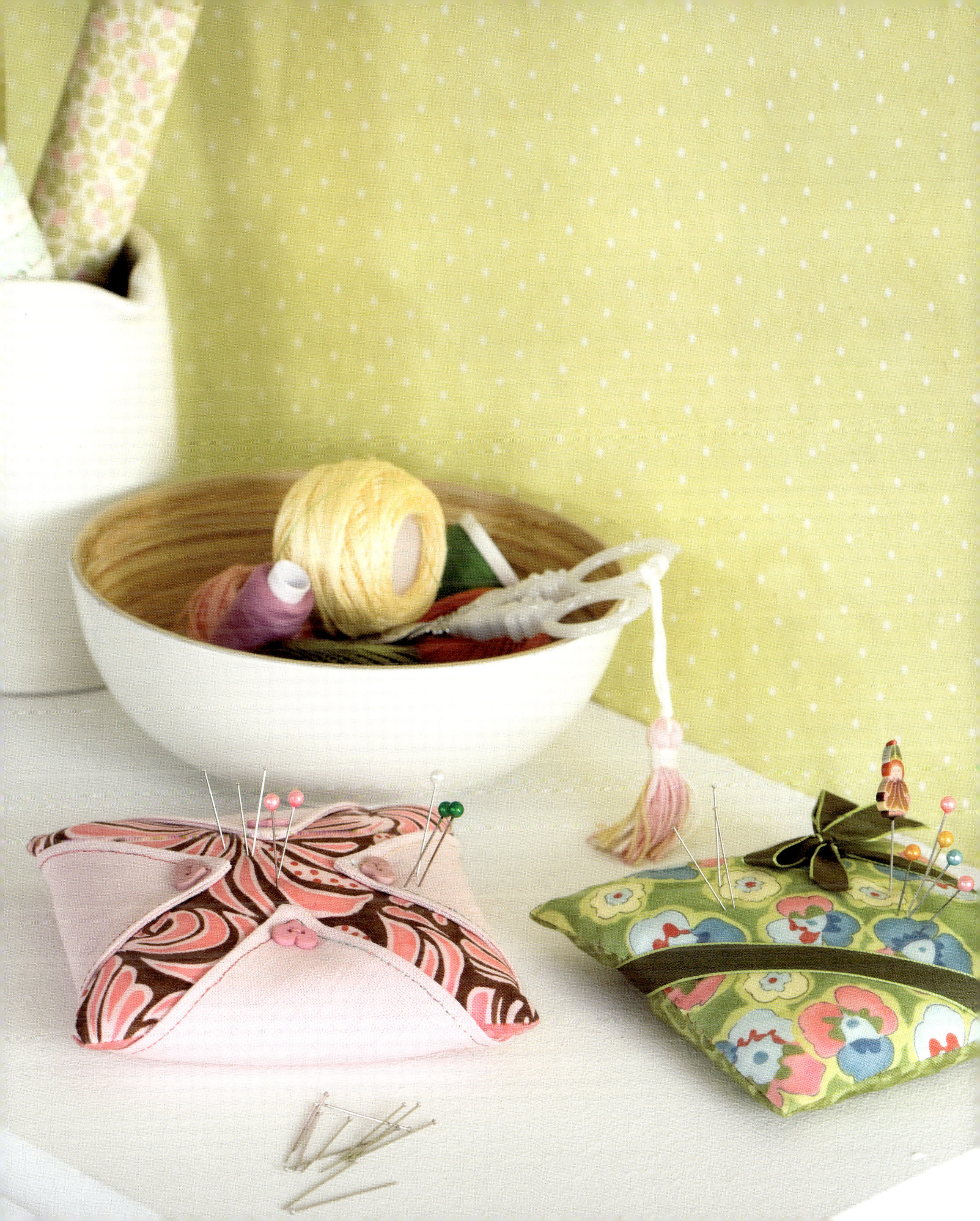

— **ÉTUI À CISEAUX**, page 28
— **RECTO VERSO**, page 50
— **RANGE-AIGUILLES À TRICOTER**, page 52

GABARIT B
Poche de l'étui
1 x tissu plié en 2
1 x molleton

GABARIT A
Corps de l'étui
2 x tissu
1 x molleton

Pliure

← À prolonger sur 10 cm

← À prolonger sur 10 cm

QUART DE GABARIT À REPRODUIRE À 200 %
Sac
1 x tissu à fleurs
1 x tissu à pois
1 x molleton

Pliure

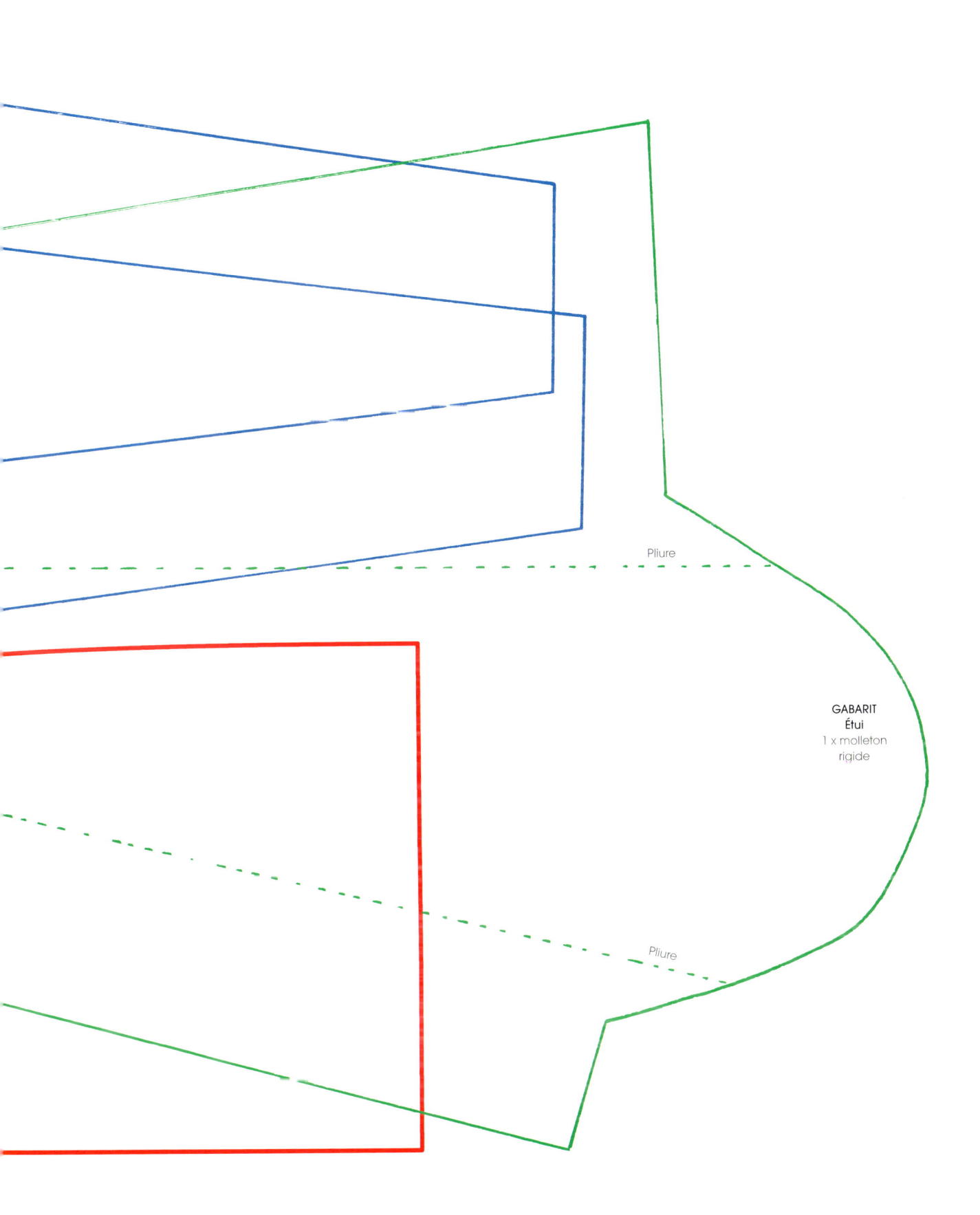

GABARIT
Étui
1 x molleton rigide

Pliure

— **ÉVENTAIL À CROCHETS**, page 36
— **DÉVIDOIR**, page 42
— **SAC À OUVRAGE**, page 46
— **RANGE-AIGUILLES**, page 56

GABARIT A
Extérieur
1 x tissu à motifs
1 x tissu fleuri
1 x molleton

GABARIT B
Intérieur
1 x feutrine

GABARIT À REPRODUIRE À 200 %
Côté
4 x tissu fleuri
4 x tissu vichy

62

Marge de couture

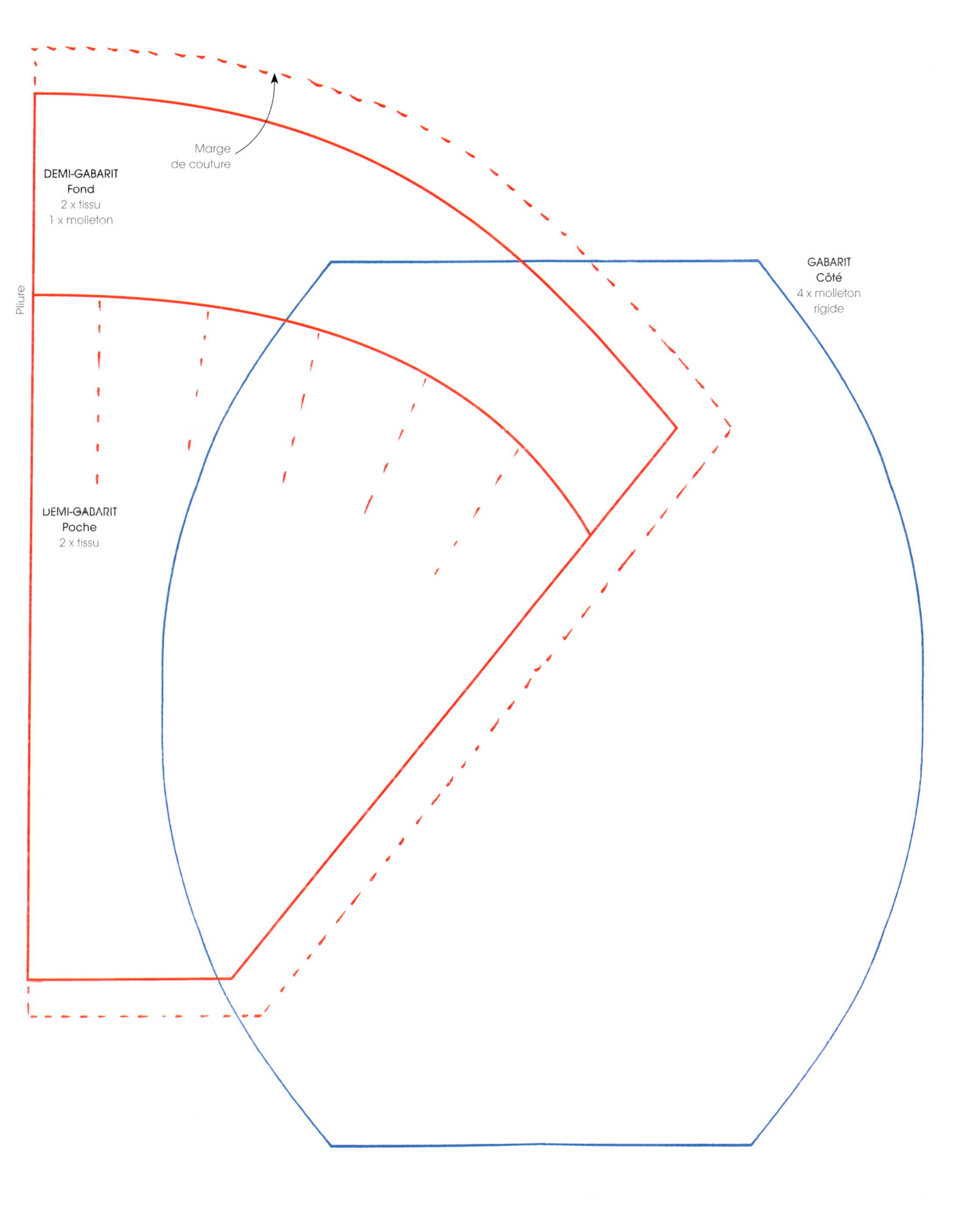

DEMI-GABARIT
Fond
2 x tissu
1 x molleton

Pliure

GABARIT
Côté
4 x molleton rigide

DEMI-GABARIT
Poche
2 x tissu

— ÉVENTAIL À CROCHETS, page 36
— CARNET À CROCHETS, page 44

Mes Crochets

N°1   n°2   N°3   n°4   N°5   N°6

— CARNET D'IDÉES, page 38
AGRANDIR À 200 %

Mes idées

Achevé d'imprimer en mars 2012
à Singapour par Tien Wah Press.